Anton Artel

Fünfzehnte Jahresschrift des k. k. Staats-Gymnasiums in Villach

Die drei Hauptvertreter der Satire bei den Römern

Anton Artel

Fünfzehnte Jahresschrift des k. k. Staats-Gymnasiums in Villach
Die drei Hauptvertreter der Satire bei den Römern

ISBN/EAN: 9783744604208

Hergestellt in Europa, USA, Kanada, Australien, Japan

Cover: Foto ©ninafisch / pixelio.de

Weitere Bücher finden Sie auf **www.hansebooks.com**

Fünfzehnte

Jahresschrift

des

k. k. Staats-Gymnasiums

in

VILLACH.

Am Schlusse des Schuljahres 1883/84

herausgegeben von dem

Director *J. Rappold.*

INHALT:

VILLACH 1884.

Verlag der k. k. Gymnasial-Direction.

Druck von Josef Muhr in Villach.

Die drei Hauptvertreter der Satire bei den Römern.

(Eine Parallele).

Fast auf allen Gebieten der Literatur waren die Römer Schüler und Nachahmer der Griechen. Insbesondere gilt dies von den Producten ihrer poetischen Muse, die nicht bloss der Form, sondern zum Theile auch dem Inhalte nach ihre griechische Heimat verrathen. Die bedeutendste Ausnahme von der obigen Behauptung bildet die Satire, die weder mit der satyrischen Poesie der Griechen [1]) noch auch — als vollendetes Kunsterzeugnis wenigstens — mit den alten saturae der Römer eine nähere Verwandtschaft hat als die oberflächliche Ähnlichkeit des Namens. Allerdings können wir den Worten des Horaz [2]), der von einem „rudis et Graecis intacti carminis auctor“ spricht, wie dem gleichen Aussprache Quintilians [3]): „satira quidem tota nostra est“, nur insoweit Richtigkeit zugestehen, als sie damit die bereits vollständig entwickelte Satire meinen, denn die Einflussnahme der Griechen auf die noch in der Entwicklung begriffene Satire lässt sich, trotz des Schweigens der römischen Schriftsteller, nicht leugnen. Abgesehen nämlich davon, dass es dem Dichter in der alten attischen Komödie ähnlich wie dem Satirendichter freistand, in der Parabase persönliche Angelegenheiten zu besprechen [4]) und dass Horaz [5]) von Lucilius ausdrücklich sagt, er habe die Richtung der alten attischen Komödie verfolgt, wissen wir, dass einer der älteren Vertreter der sich erst entwickelnden Satire, M. Terentius Varro aus Reate, Satiren in der Manier des Cynikers Menippus geschrieben und dass auch Horaz sowohl den Varro als auch den Menippus selbst nachgeahmt hat [6]).

Über das Verwandtschaftsverhältnis, das zwischen der Satire und den alten saturae geherrscht, und ob überhaupt ein solches bestanden habe, lässt sich etwas Bestimmtes nicht sagen. Von den Alten wie auch von den meisten Neueren wird eine solche Verwandtschaft angenommen, indem sie den drama-

---

[1]) Die Ansicht derer, die auf Grund von Diomedes' Aussprache (s. K. p. 485): „satira autem dicta sive a satyris, quod similiter in hoc carmine ridiculae res pudendaeque dicuntur, quae velut a satyris proferuntur et fiunt . . . “ die römische Satire mit dem Satyrdrama der Griechen in Verbindung bringen wollten, wurde schon von Is. Casaubonus in seinem 1605 zu Paris erschienenen Buche „de satyrica Graecorum poesi et Romanorum satura libri II“ widerlegt.
[2]) Sat. I. 10, 66.
[3]) Institut. orat. X. 1, 93.
[4]) Vgl. Oertner: Horazens Bemerkungen über sich selbst in den Satiren. Jahresbericht des königlichen Gymnasiums zu Gross-Strehlitz 1882/3 p. 3.
[5]) Sat. I. 4, 6 ff.
[6]) Vgl. Fritzsche: Des Q. Horatius Flaccus Sermonen. I. B. p. 22 ff.

1*

tischen Charakter, der in einzelnen Satiren zum Vorschein kommt [1]), und den
scherzhaften Ton, der in einigen derselben herrscht, als Folge und Ausfluss
der alten satura ansehen [2]). Wenn wir jedoch erwägen, dass die Männer,
die wir als Begründer der literarischen Satire kennen, unbeschadet ihres
Römerthums der hellenistischen Richtung angehörten, wenn wir weiter den
bald ruhigen und ernsten, bald heiteren und scherzhaften Ton und die mehr
minder ausgesprochene ethisch-didaktische Tendenz der älteren Satire uns ver-
gegenwärtigen, so müssen wir füglich zweifeln, ob zwischen ihr und jenen
dramatisierten Possen [3]), die wegen ihrer bunten, stegreifartig an einander
gereihten Scenen den Namen satura erhalten haben sollen, eine nähere Verwandtschaft als die des Namens bestanden habe. Ja unser Zweifel bezüglich
der Verwandtschaft der Satire mit der alten satura wird um so begründeter,
wenn wir uns die Worte Varros bei Cicero [4]) vor Augen halten: „in illis
veteribus nostris, quae Menippum imitati, non interpretati, quadam hilaritate
conspersimus, multa admixta ex intima philosophia, multa dicta dialectice, quo
facilius minus docti intellegerent, incunditate quadam ad legendum invitati“,
denn aus ihnen ersehen wir, dass die dialogische Form und der scherzhafte
Ton allgemeinere Verständlichkeit und grössere Anziehungskraft bezweckten.

So verwirft denn auch Grubel [5]) die Ansicht, als ob die literarische
Satire mit der dramatischen in irgend einem Zusammenhange stünde, vollständig
und führt die Satire auf das σπουδογέλοιον der Cyniker als ihre Quelle zurück.

Allein lässt sich auch griechischer Einfluss auf die Entwicklung der
Satire nicht in Abrede stellen, das muss auf alle Fälle festgehalten werden,
dass der römische Volkscharakter den Keim und die Bedingungen zur Entwicklung derselben enthalten habe. Der römische Charakter zeichnete sich
nämlich durch Nüchternheit und Schärfe des Urtheiles aus, verbunden mit der
Neigung, alles Auffallende und Verkehrte, das die Umgebung etwa bieten
mochte, rasch zu erfassen und lächerlich zu machen. Ein Beispiel von diesem
„Italum acetum“, wie es Horaz [6]) nennt, haben wir an dem Wortkampfe
zwischen dem proscribierten Rupilius Rex und dem bissigen Halbgriechen
Persius. Auf diese Neigung der Römer, die menschlichen Schwächen und
Verkehrtheiten ins Lächerliche zu ziehen, deuten auch die römischen Beinamen

---

[1]) Vgl. Oertner in dem a. Progr. p. 6: „Da mithin die römische Satire einen
nationalen Ursprung hat, so können wir wie bei den vorhorazischen Satirikern so auch
bei Horaz noch Einwirkungen der alten Satire auf Inhalt und Darstellungsweise
finden. Daher ist es erklärlich, dass die meisten H. Satiren . . . . . sich als ein
Redeturnier zwischen dem Dichter und anderen Personen darstellen.“

[2]) Vgl. Triemel: Über Lucilius und sein Verhältnis zu Horaz. Programm des
königlichen Gymnasiums zu Kreuznach 1878 p. 3.

[3]) Livius VII. 2.

[4]) Cic. Acad. post. I. 2, 8.

[5]) Grubel: De satirae romanae origine et progressu. Programm des königlichen
Friedrich-Wilhelms-Gymnasiums zu Posen 1883.

p. 4: „Inprimis toto corpore atque omnibus ungulis, ut dicitur, repugnemus
oportet, quominus ex vulgata sententia saturam initio scaenicae poesis genus et quidem
comoediae quandam speciem habuisse statuatur.“

p. 12: „Quae dispositio ad finem perducta certis firmamentis efficiet satiricam
Romanorum poesin ad cynicorum illud notissimum σπουδογέλοιον tamquam ad fontem
et caput esse referendam.“

[6]) Sat. I. 7, 32.

hin [1]), die ursprünglich zum grossen Theile Spitznamen waren, körperlichen Eigenthümlichkeiten und Gebrechen entnommen, sowie das auch bei Horaz [2]) erwähnte peinliche Verfahren vor dem Richter, das denjenigen bedrohte, der auf jemanden anzügliche Gedichte gemacht hatte. Diese soeben geschilderte Spottsucht der Römer also, ein Ausfluss des reflectierenden und auf das Praktische gerichteten Verstandes, ist für die Erklärung des Entstehens der Satire mit in Rechnung zu ziehen.

Über die Zeit ihrer Entstehung lässt sich etwas Sicheres nicht sagen, ebensowenig über den Ursprung des Namens. Mag man denselben mit satur = refertus in Zusammenhang bringen, so dass er nach der Analogie von „lanx satura“ [3]) ein poetisches Allerlei bezeichnen soll; mag man satura als ein altes lateinisches Substantivum g. f. fassen, das ganz allgemein die Fülle [4]) bezeichnet; mag man bei Satura das Wörtchen „actio“ dazu denken, so dass „satura actio“ [5]) gleich wäre „saturorum actio“; mag man endlich von jeder Beziehung auf satura absehend annehmen [6]), dass der Name einfach bloss wegen der Durchsättigung und Fülle der Dichtungsart beigelegt worden sei: darin kommen alle Erklärungen überein, dass es die Mannigfaltigkeit sowohl des Inhaltes als auch der Metra sei, weswegen die Satire diesen ihren Namen bekam, und dass derselbe soviel bezeichne als ein poetisches „Allerlei“ oder „Quodlibet“. Solche Mischgedichte waren — namentlich mit Rücksicht auf die in denselben herrschende Mannigfaltigkeit der Metra — die Gedichte des Ennius [7]), die er, der erste unseres Wissens, unter dem Titel saturae herausgab; wahre saturae oder Mischgedichte waren namentlich die Satiren des schon genannten Varro, worin er nach dem Muster des Cynikers Menippus in einem zwischen Ernst und Scherz wechselnden Tone die mannigfaltigsten Stoffe mit besonderer Berücksichtigung der praktischen Seite philosophierend behandelte [8]).

Der eigentliche Begründer der Satire, wie sie später von Horaz zur Vollkommenheit und Mustergiltigkeit erhoben wurde, war aber Lucilius. Zwar waren auch seine Satiren theilweise noch saturae, Mischgedichte, namentlich in Rücksicht auf die Mannigfaltigkeit des Inhaltes, doch gab er der Satire die ethisch-kritische Tendenz [9]), die ihr Hauptmerkmal ist, und bestimmte so

--- ---

[1]) Vgl. Teuffel: Geschichte der römischen Literatur II. Auflage 1872 p. 3.
[2]) Sat. II. 1, 80 ff.
[3]) Vgl. die Schulausgabe von Krüger: Des Q. Horatius Flaccus Satiren und Episteln. 1876 p. 3.
[4]) Vgl. Fritzsche: Des Q. Horatius Flaccus Sermonen I. p. 11.
[5]) Vgl. Kolbenheyer: De Horatii satirarum ratione et natura. Programm des k. k. Staatsgymnasiums in Bielitz 1872/3 p. 8.
[6]) Vgl Grubel in dem a. Progr. pag. 7: „Nec dubium est, quin inde ab Ennio et per eum saturarum nomen a saturitate atque copia deduci et vulgo usurpari coeptum sit.“
[7]) Vgl. Diomedes p. 485, 30, K.
[8]) Vgl. Quintilian: Institut orat. X. 1, 93.
[9]) Vgl. Triemel in dem a. Progr. p. 9: „Man hat daher als den allgemeinen die ganze Gattung umfassenden Charakter für die Satiren Lucil's ebenfalls den festzuhalten, dass sie vielseitige Schilderungen der gemeinen Wirklichkeit und des Volkslebens waren, also mit denen des Ennius die Mannigfaltigkeit des Stoffes theilten, jedoch zu der scherzhaft erzählenden und beschreibend didaktischen Richtung des Ennius die der allgemeinen Kritik und des persönlichen Spottes als neue hinzufügten. Diese Verschiedenheit gieng natürlich nicht bloss aus den veränderten Zeitverhältnissen

die Richtung, nach der die Satire von seinen Nachfolgern ausgebildet wurde. Unsere Kenntnisse über die vorhorazische Satire sind zwar infolge des fragmentarischen Charakters des uns Überlieferten nur mangelhaft, nichtsdestoweniger reichen sie hin, um den Charakter der Kunstgattung mit ziemlicher Sicherheit bestimmen zu können. Darnach waren die Satiren zwanglose, in einem bald ruhigen und ernsten, bald heiteren und scherzenden Tone gehaltene Betrachtungen, die sich einmal mit der Persönlichkeit des Dichters beschäftigten, dann wieder über die verschiedenen Seiten des menschlichen Lebens theils belehrend und aufmunternd, theils zurechtweisend und tadelnd verbreiteten. Der kritische Stachel stak bereits in der geschilderten ethisch-didaktischen Richtung, und es hieng bloss von der Persönlichkeit des Dichters und den Zeitverhältnissen ab, ob derselbe mehr oder weniger hervortrat. Während in der Satire des Ennius, entsprechend den im ganzen noch glücklichen Zeitverhältnissen und der Persönlichkeit des Dichters, eine zufriedene und gehobene Stimmung herrscht, kehrt Lucilius im Einklange mit den geänderten Zeitumständen und seiner stark ausgeprägten Subiectivität Rechnung tragend sofort die kritische Seite hervor, wogegen Varro, der ruhige und stille Gelehrte, sofort wieder zur Zahmheit der Satire des Ennius zurückkehrt.

Das wäre über den Ursprung und den Entwicklungsgang der Satire in Kürze zu sagen; nun wollen wir zu den hauptsächlichsten Vertretern der bereits ausgebildeten und vervollkommneten Satire übergehen und untersuchen, was die Satire jedes einzelnen von ihnen eigenthümliches und charakteristisches habe.

Lucilius hatte in der Satire seine individuellen Ansichten über Politik, Leben und Literatur mit grosser Freimüthigkeit niedergelegt. Diese Richtung [1]) der Satire hielt auch Horaz ein, in der Art jedoch, dass er die bei Lucilius noch an die alte satura mahnende Mannigfaltigkeit des Inhaltes wie auch noch theilweise der Form zur Einheit und Planmässigkeit erhob. Er wendete also statt der von Lucilius noch gebrauchten Trochäen und Jamben in seinen Satiren durchwegs den Hexameter an, welcher dem belehrenden Gesprächston der Satiren entsprechend einen mehr leichten, einfachen Fluss hat, ohne jedoch künstlerischer Gesetzmässigkeit zu entbehren [2]). Auch im Inhalte sah er auf Einheit und planmässige Anlage; wenn er jedoch da und dort in der Verbindung der Gedanken nachlässig und oberflächlich scheint oder sich Abschweifungen und Sprünge erlaubt, so thut er dies zum Theile mit Absicht, um damit einen bestimmten Zweck zu erreichen, wie wir weiter unten sehen werden, zum Theile ist aber dieses Abgehen von dem gefassten Plane ein mehr oder weniger nur scheinbares,

hervor, sondern war ebenso sehr von der abweichenden Lebensstellung beider Dichter bedingt, wie durch Charakterunterschiede hervorgerufen: Ennius war ruhiger, ernster und erhabener, Lucilius dagegen feuriger, kühner und witziger."

[1]) Vgl. Triemel im a. Progr. p. 18: „Der Stil (Horazens) war zwar in der Tendenz nur eine Nachbildung Lucil's, im übrigen aber wich er doch von diesem bedeutend ab, was ebenso wie die Verschiedenheit des Inhaltes mit den geänderten Zeitverhältnissen zusammenhieng."

[2]) Vgl. D. Heinsius, de sat. Horat. p. 6: „Quam (Horatii licentiam) qui ferre non possunt et tantopere accusant, ut ne hoc quidem intellegant, iudicio neglegentem in numeris fuisse . . . . . . commiseratione mihi digni videntur."

dem leichten Gesprächston der Satire entsprechend, die keine so streng durchgeführte Plan- und Gesetzmässigkeit erheischt als andere Kunstgattungen.

Lucilius hatte sich in seinen Satiren über die 3 Gebiete der Politik, des Lebens und der Literatur verbreitet. Horaz, wie bereits gesagt worden, folgte ihm darin, ohne jedoch das Gebiet der Politik in den Bereich seiner Satire zu ziehen. Nicht als ob er der Meinung gewesen wäre, das politische Getriebe und Intriguenspiel biete dem Satiriker keinen passenden Stoff dar, sondern einerseits aus einer gewissen Abneigung und einer Art von Ekel [1]), den Horaz am politischen Leben empfand, namentlich seitdem die Ideale seiner Jugend nach Niederwerfung der Republik und Aufrichtung der Alleinherrschaft so jämmerlich geendet hatten, andererseits verbot ihm das Verhältnis, in dem er zu den Machthabern stand, das Gebiet der Politik zu betreten: schmeicheln und seine Ansichten preisgeben, wollte er nicht, es blieb ihm also füglich nichts übrig als zu schweigen. Nicht ein Zug seines Herzens, sondern der klug berechnende Verstand hatte ihn mit der siegreichen Partei pactieren heissen; eine freie Verfassung war für das entartete Römerthum nicht mehr möglich, nur die gerechte und kraftvolle, dabei nach allen Seiten unparteiische Regierung Eines konnte die Wogen der politischen Leidenschaften besänftigen und den ungeheueren Staat mit seinen verschiedenartigen und nicht selten sich widerstreitenden Interessen zusammenhalten. Aus Patriotismus schon musste also der Dichter alles vermeiden, was die politischen Leidenschaften entflammen konnte [2]). Endlich lag es auch im ganzen Wesen und Charakter unseres Dichters begründet, dass er sich vom politischen Felde ferne hielt.

Horaz hatte sich mit dem Lärm des grossstädtischen Lebens nie befreun-

---

[1]) Vide Carm. I. 14, 17. I. 26, 3 ff. II. 11, 1 ff.

[2]) Nach Philippi nach Rom zurückgekehrt, musste Horaz daran denken, sich eine Existenz zu gründen. Anlage und Erziehung trieben ihn zur Satire. Allerdings mussten ihm manche Bedenken aufsteigen: erstens das nicht unbegründete Ansehen des Lucilius, mit dem es einen Wettkampf galt, dessen Schwierigkeit er wohl übersah, dazu kam noch der Gedanke, dass seine politische Stellung von den republikanischen Anhängern des Lucilius leicht als Fahnenflucht aufgefasst werden könnte, wodurch sie an einer unparteiischen Beurtheilung seiner Satiren gehindert werden würden. Indessen über alle diese Bedenklichkeiten setzte sich Horaz infolge seiner bedrängten Lage kühn hinweg.

So verstehe ich die Worte in Ep. II. 2, 50—52. Wie Hanna (über den apolog. Charakter der h. Satiren. Jahresbericht des G. in Nikolsburg 1878 p. 8 Anm. 5) die Bemerkung Webers: „Er (Horaz) übte die Dichtkunst aus Trotz gegen das prosaische Schicksal und ergriff ihre herbste Gattung, um seine Oppositionsstellung gegen die Dinge, wie sie geworden waren, zu bezeichnen" als eine treffende bezeichnen kann, ist mir daher nicht recht klar. Dass der kecke Ton und die schonungslose Art, womit der Dichter in seinen ersten Satiren die Fehler selbst hochgestellter und bei Hofe beliebter Persönlichkeiten aufdeckte und lächerlich machte, in den höheren Regionen verschnupft haben werden, will ich zwar gerne glauben, ebenso dass Horaz versucht haben wird, diesen üblen Eindruck zu verwischen (Hanna im a. Progr. p. 6), aber ich sehe darin noch keine politische Opposition.

Vgl. auch Triemel im a. Progr. p. 17: „Republikanische Satiren mussten damals erfolglos sein und konnten höchstens ihrem Verfasser Verfolgungen eintragen, monarchische dagegen waren theils nach dem Siege überflüssig, theils sogar den Siegern selbst nachtheilig, weil sie anstatt die Gegner zu beruhigen, dieselben nur zu Gegenanstrengungen gereizt hätten."

den können, sein Herz zog ihn in die freie Natur hinaus [1]). In der ländlichen Stille seines sabinischen Landgutes, fern dem Getriebe der Grossstadt und ihrer Laster, fühlte er sich erst glücklich und zu geistiger Arbeit und philosophischer Vertiefung angeregt. Indem er also aus verschiedenen Gründen, die theils in den äusserlichen Verhältni-sen, theils in seiner Persönlichkeit selbst lagen, abgehalten wurde, das Gebiet der Politik in den Kreis seiner Satire zu ziehen, blieb ihm noch ein doppeltes Feld für dieselbe übrig: die Literatur und das gesellschaftliche Leben und Treiben.

Allgemein menschliche Schwächen sowohl als auch specielle Verkehrtheiten seiner Zeit sind es, die er in seinen Satiren geisselt oder worüber er sich belehrend und ermahnend ausspricht. Dass er aber auch das Gebiet der Literatur zur Zielscheibe seiner Satire machte, hatte seinen Grund zum Theile in den Verkehrtheiten und Schwächen, von denen es nicht frei war, zum Theile aber zwangen ihn auch die Angriffe seiner literarischen Gegner, die ihn theils aus Abneigung gegen diese Dichtungsart überhaupt, theils aus übermässiger Verehrung der älteren Vertreter der Satire, namentlich des Lucilius, befehdeten, seinen eigenen literarischen Standpunkt zu präcisieren und die ungerechtfertigten, aus Neid oder Unverstand entsprungenen Angriffe abzuwehren.

Doch wenn er auch die Politik bei Seite liess, wie reichlich war der Stoff noch immer, der sich seinem Witze darbot! Wie reich war nicht seine Zeit sowohl an allgemein menschlichen Schwächen als auch an besonderen ihr eigenthümlichen Verkehrtheiten! Wie selten findet sich jemand, der mit seinem Loose, das ihm der Zufall beschieden oder eigener Wille erwählt, zufrieden wäre! Diese alte durch die Erfahrung bestätigte Wahrheit behandelt denn auch unser Dichter gleich in der 1. Satire [2]) des I. Buches. Das Verkehrte dieser Unzufriedenheit mit seinem Loose findet er hauptsächlich darin, dass niemand, auch der Unzufriedenste nicht, falls ihm eine mächtige Gottheit es freistellte, seinen Stand und Lebensberuf zu ändern, darauf würde eingehen wollen. Was gibt es also Verkehrteres, als über etwas zu klagen, was man schliesslich doch nicht aufgeben oder auszutauschen gewillt ist! Und was ist der Grund dieser Unzufriedenheit? Der Dichter findet denselben in dem unersättlichen Streben und Jagen nach Gewinn, daher er sich insbesondere gegen die Geizigen wendet

---

[1]) Vide Epodon carm. II. Sat. II. 2. II. 6. Vgl. auch Jaeger: Bemerkungen zur römischen Satire insbesondere der des Horaz und einigen mit ihr verwandten Dichtungsarten. Jahresbericht des k. k. Staatsgymnasiums in Ried 1882,3 p. 14 ff.

[2]) Im 1. Verse redet der Dichter seinen Gönner Maecenas an. Daraus eine Beziehung zwischen dem behandelten Stoffe und dem Maecenas ableiten zu wollen, als ob Horaz seinem Freunde und Gönner eine Art indirecter Huldigung hätte darbringen wollen, als einem Manne, der von seinem Reichthum einen edlen Gebrauch macht, wie einige meinen, scheint mir zu weit zu gehen.

Die Anrede bezweckt eben nichts anderes, als dem Maecenas einen Beweis der Hochachtung von Seite des Dichters zu geben und das ganze Buch ihm gewidmet erscheinen zu lassen. Vgl. Krüger, Vorerinnerungen über die Episteln des Horaz p. 170. Jaeger im a. Progr. p. 6. Hanna im a. Progr p. 6: „Um nun diesen üblen Eindruck (der 2. Sat. des I. Buches) zu heben und alle Befürchtungen vor ihm und seiner Dichtgattung zu verscheuchen, schrieb Horatius die 1 Satire (I. 1) vielleicht auf Veranlassung der vermittelnden Freunde, um eine Probe seines Talentes zu geben " Ich glaube, dass das allgemein Interessierende des behandelten Stoffes der Grund war, warum Horaz gerade diese Betrachtung an die Spitze der ganzen Sammlung stellt; auch mag er darin eine Art von Selbsttrost gefunden haben.

und zeigt, dass derjenige, der immer nur sammelt und nie das Angesammelte geniesst, aus Furcht, es könnte jemand mehr zusammenbringen, nicht glücklich und zufrieden sein könne. [1]) In allen Dingen soll ein gewisses Mass, die richtige Mitte, beobachtet werden. Μηδὲν ἄγαν. Halte überall die goldene Mitte ein! ist ein wahrhaftig goldener Ausspruch, wert des Apollo, über dessen Tempel in Delphi er geprangt haben soll. Und doch wie selten wird diese goldene Lebensregel beobachtet, wie schwer ist sie zu treffen! Der eine, um nicht als verschwenderisch zu gelten, würde seinem darbenden Freunde nicht einen Bissen Brod vergönnen, der andere wiederum bringt sein väterliches Erbtheil durch, nur um kein Knicker zu scheinen. Keiner von beiden beobachtet die richtige Mitte: aus Furcht vor dem einen Fehler verfällt er in den zweiten, dem ersten entgegengesetzten. [2]) Dabei ergreift der Dichter die Gelegenheit, über die in seiner Zeit häufigen Ausschweifungen im Genusse der Liebe sich auszulassen und zu lehren, dass auch darin die richtige Mitte zu beobachten sei. [3]) (2 Satire des I. Buches.)

Und so werden auch die anderen menschlichen Schwächen und Verkehrtheiten auf belehrende Weise durchgenommen und das Verkehrte und des Spottes Würdige daran gezeigt, als da sind: die Unduldsamkeit gegen die Fehler anderer und Nachsicht mit den eigenen [4]); das ungemessene Streben nach hohen Ehrenstellen, die doch keine wirkliche Zufriedenheit gewähren und nur den Neid und die Missgunst reizen [5]); das aufdringliche und gemeine Wesen halbgebildeter Alltagsmenschen, die den Massstab der Gemeinheit, von der sie sich bei allem ihrem Thun leiten lassen,' glauben auch auf andere anlegen zu dürfen; von diesen wird uns ein prächtiges Exemplar in launiger Weise geschildert. [6])

Gross war zu Horazens Zeiten der Aufwand und Luxus der Gastmähler, unglaublich das Raffinement, das man anwendete, um den Gaumen durch auserlesene, oft von weitem hergeholte, oder durch die Art ihrer Zusammensetzung pikante Speisen zu reizen; ja, was dabei das Widersinnigste war, so manches galt für unumgänglich nothwendig für eine vornehme Tafel, nicht des Wohlgeschmackes wegen, sondern des theueren Preises halber. [7]) Dagegen wendet sich Horaz und hält der vornehmen Welt durch den Mund des Bauers Ofellus eine Predigt über die Vortheile des genügsamen, in den Grenzen der Natur sich haltenden Lebens.

[1]) Sat. I. 1, 92 ff.
[2]) Sat. I. 2, 24 „Dum vitant stulti vitia, in coutraria currunt."
[3]) Die 2. Satire gehört, nach dem kecken Tone und der schonungslosen Weise, mit der die Modethorheiten, besonders der vornehmen Welt, gegeisselt werden, zu schliessen, den frühesten Dichtungen dieser Art an. Vgl. Hanna im a. Progr. p. 4 ff.
[4]) Sat. I. 3, 25 ff. „Cum tua pervideas oculis mala lippus inunctis,
Cur in amicorum vitiis tam cernis acutum,
Quam aut aquila aut serpens Epidaurius?"
[5]) Sat. I. 6, 24 ff.
[6]) Sat. I. 9. Der Dichter scheint mir mit dieser Satire einen doppelten Zweck verfolgt zu haben: einen persönlichen und einen künstlerischen. Indem er sich gegen die Zudringlichkeiten gewisser Dichterlinge und Brüder in Apollo (Hanna im a Progr. p. 19) schützen und zugleich dem grossen Publikum ein richtiges Verständnis für den Ton, der im Hause des Maecenas herrschte, erschliessen wollte, stellte er das Prototyp eines jener sogenannten gebildeten Alltagsmenschen auf, die bei allem äusseren Schliff in ihrem Denken und Fühlen doch recht gemein sind.
[7]) Sat. II. 2, 17 ff.

2

Bereits in Sat. I. 2 hatte Horaz den goldenen Mittelweg empfohlen. Eine ähnliche Färbung trägt Sat. II. 3, worin er zeigt, dass aus der Vernachlässigung dieser richtigen Mitte alle Fehler entstehen [1]. Mit vielem Geschick und feiner Satire wird dabei das anmassende und selbstbewusste Wesen der Stoiker gegeisselt, die in ihrem blinden Tugendeifer eben auch vergessen haben, das rechte Mass einzuhalten.

Ein grassierendes Uebel zu Rom war zu Horazens Zeiten die Sucht, sich zu bereichern; denn man gieng von dem Grundsatze aus: „et genus et virtus, nisi cum re, vilior alga est [2]. Eine Folge davon war die immer mehr in die Mode kommende Erbschleicherei, die ganz systematisch betrieben wurde. Mit feiner Ironie geisselt Horaz diese Schamlosigkeit, indem er durch den Mund des Tiresias dem Ulysses eine Anleitung gibt, wie er es anstellen müsse, um sich in ein Testament einzuschleichen [3]. Bereits in Sat. I. 6 hatte sich Horaz über den Beginn seines Verhältnisses zu seinem vornehmen Gönner Mäcen ausgesprochen. Auch Sat. II. 6 behandelt dieses Verhältnis, wobei das Reine und Selbstlose desselben betont wird [4]. Nebenbei preist der Dichter auch in dieser Satire die Annehmlichkeit des Landlebens im Gegensatze zu dem Lärm der Grossstadt. Recht anmuthig lässt er zum Schlusse seinen bäuerlichen Nachbar Cervius die Fabel von der Land- und Stadtmaus zum besten geben.

Verwandt mit Sat. I. 2 und mit Sat. II. 3 ist Sat II. 7. Bekannt ist es, dass es wenig Menschen gibt, die in ihrem Thun und Lassen sich consequent bleiben; die meisten schwanken hin und her und fallen von einem Extrem in das andere. Gegen diese Inconsequenz ist Sat. II. 7 gerichtet Um das Verletzende dieses Vorwurfes zu mildern und die komische Wirkung zu erhöhen, lässt Horaz durch seinen Sclaven Davus [5] die Predigt an sich selbst richten.

Die unersättliche Lust also nach dem Erwerben, das Abgehen von dem goldenen Mittelweg, die Unduldsamkeit und Verkleinerungssucht, das aufdringliche Wesen und die gemeine Gesinnung halbgebildeter Alltagsmenschen, das ungezügelte Streben nach Macht und Ansehen im Staate, der übermässige Luxus ist es, was Horaz in den bis jetzt besprochenen Satiren behandelt, -- lauter Fehler, die entweder der menschlichen Natur im allgemeinen anhaften oder seiner Zeit besonders eigenthümlich waren, und denen er die Vortheile und die Glückseligkeit eines von Ehrgeiz freien, selbstlosen, mässigen, in der Abgeschiedenheit von der grossen Welt hinfliessenden Lebens entgegenhält.

---

[1] Sat. II. 3, 45 ff.
[2] Sat. II. 5, 8.
[3] Vgl. Fritzsche, Sermonen II. B. p. 90. „Abgesehen von der schonungslosen Schärfe der Wahrheit, wird das Ganze dadurch auch höchst komisch, dass der Held von Ithaka ganz im Kostüm der Römer vom augusteischen Zeitalter erscheint und ebenso Tiresias immer redet, als wäre er in Rom." Ueber die Beziehungen zwischen dieser Satire und Lukians „Νεκυομαντεία" vgl. Fritzsche, Sermonen I. B. Einleitung p. 32 ff.
[4] Hanna im a. Progr. Schluss (1879) p. 81. „Dieser schiefen und missgünstigen Beurtheilung seiner Stellung zu Maecenas entgegenzutreten . . . . . scheint mit zu der Absicht zu gehören, die der Dichter in dieser Satire verfolgt.
[5] Wie in Satira II. 3 der Dichter, um seiner Darstellung neuen Reiz zu geben, den lächerlichen Damasippus 'das Wort führen lässt, so in Sat II. 7 seinen Sclaven Davus. Damit sollte jedoch keineswegs gezeigt werden, dass alle seine Behauptungen unbegründet seien. Vgl. diesbezüglich Oertner im a. Progr. p. 17 — 18. Bezüglich der Fehler, die Horaz sich vorhalten lässt, vgl. Hanna im a. Progr. (1879) p. 22 ff.

Nun über Horazens Verhältnis zu den älteren Vertretern der Satire.
Wie wir bereits oben erwähnt haben, hatte Horaz gegen zweierlei Gegner zu kämpfen: einmal gegen das grosse Publicum, das sich durch die Satiren
des Dichters mehr oder weniger getroffen fühlte, [1] dann gegen seine literarischen Gegner im engeren Sinne, die seine Satire im Vergleiche zu Lucilius
marklos und matt fanden. Gegen diese wendet sich Horaz in Sat. I. 4 und 10,
sowie Sat. II. 1. „Foenum habet in cornu" — [2] weichet ihm aus, lässt Horaz
einen seiner Gegner warnend rufen. Gegen diese Beschuldigung beruft sich
Horaz auf sein ganzes Leben und versichert feierlichst, dass ihm das Laster
der Schmähsucht immer fern bleiben werde. Wenn er sich da und dort etwas zu
freimüthig ausdrücken oder seinem Scherze die Zügel schiessen lassen sollte, so
werde ihm jeder billig Denkende dies verzeihen, zumal diese Richtung ein Er-
gebnis der vom Vater erhaltenen Erziehung sei. Dabei ergreift er die Gelegenheit, diejenigen zu geisseln, die mit ihrem Witz auf Kosten anderer glänzen
wollen oder die gegen ihre eigenen Freunde unter der Maske, als ob sie sie
vertheidigen wollten, losziehen. Seinem Vorgänger Lucilius gleich, der die Geissel
seines Spottes über Hoch und Nieder geschwungen, werde auch er sich nicht
einschüchtern lassen. [3] Jeder habe seine Waffe, die Satire sei die seinige. Im
übrigen werde er niemanden aus freien Stücken angreifen, nur angegriffen werde
er sich vertheidigen.

Was jene Art von Gegnern anlangt, die an der poetischen Berechtigung
der Satire überhaupt zweifelten oder der Satire des Lucilius den Vorzug gaben,
so lässt er sich in eine nähere Begründung der poetischen Berechtigung der
Satire nicht ein, sondern bemerkt nur so viel, dass allerdings das blosse Ver-
sificieren den Dichter noch nicht mache, dazu gehöre Phantasie, Begeisterung
und Erhabenheit des Ausdruckes. [4] Was den Vorwurf betrifft, dass seiner
Satire Schärfe und Witz fehle, gibt er gerne zu, dass ihn Lucilius darin über-
treffe, [5] dafür aber seien seine Verse fliessender, der Ausdruck gewählter und
gefeilter, was von Lucilius auch die grössten Bewunderer nicht behaupten
könnten. Dabei ergreift er die Gelegenheit, sich in humoristischer Weise über
die Vielschreiber lustig zu machen, und schliesst mit der Versicherung, ihm
genüge es, wenn sein Streben von Männern von Urtheil und Bildung gebilliget
werde, um das Urtheil der Menge kümmere er sich nicht. [6]

---

[1] Sat. I. 4, 25 ff.
[2] Sat. I. 4, 34.
[3] Sat. II. 1, 29 ff.
[4] Sat. I. 4, 40 ff.
[5] Sat. I 10, 46 ff.
[6] Sat. I. 10, 80 ff. Anders stand Lucilius dem Publicum gegenüber. Nicht den
ästhetischen Anforderungen einer gelehrten Minderzahl wollte er gerecht werden,
sondern dem Geschmacke des Volkes in seiner gebildeten Mehrzahl; diesen Sinn nämlich
haben Ciceros Worte de orat. II. 6, 25: „Lucilius dicere solebat neque se ab indoc-
tissimis, neque a doctissimis legi velle."
Vgl. Triemel im a. Progr. p. 13. Was Horazens Urtheil über Lucilius anlangt,
so findet ein Widerspruch zwischen Sat. I. 4 und I. 10 nicht statt. Während Horaz
in der 4 Satire die formellen Schwächen seines Vorgängers hervorgehoben hatte, weil
ihn seine Gegner dazu zwangen, gesteht er ihm in der 10. Satire Witz, schöpferische
Kraft und Vielseitigkeit gerne zu, umsomehr da er seine eigene Stellung bereits
hinlänglich gesichert hatte. Ob sich Horaz bloss von sachlichen Motiven in seiner
Polemik gegen Lucilius leiten liess, oder ob auch persönliche Interessen mit im Spiele

XII.

Eine dritte Gruppe der Horazischen Satiren endlich bilden jene, worin — theilweise nach dem Muster seines Vorgängers Lucilius — Vorfälle, bei denen er oder seine Freunde betheiliget waren, im scherzenden Tone und voll sprudelnden Humors, dem sich nur in Sat. I. 8 bitterer Hohn beimischt, erzählt werden. Dazu gehören namentlich Sat. I. 5. 7. 8 [1]). Auch Sat. I. 9, sowie Sat. II. 4. 8 lassen sich hieherziehen, falls man annimmt, dass ihnen etwas Thatsächliches zugrunde liegt und sie nicht vom Dichter frei erfundene Tendenzsatiren sind.

Soviel vom Inhalt, nun zum Ton und Farbe der Horazischen Satiren. Horaz war keines philosophischen Systems erklärter Anhänger. In seiner Jugend mehr zur leichtlebigen Philosophie Epikurs hinneigend und einem gesunden Realismus huldigend, kam er durch gereifte Erfahrung und selbstständige philosophische Forschung dem Stoicismus näher, ohne dass er jedoch ein Stoiker von Profession geworden wäre. Er würdigte die Gediegenheit und den sittlichen Ernst der stoischen Grundsätze, mit der allzu grossen Strenge derselben, mit ihrer alles nicht Stoische verdammenden Unduldsamkeit konnte er sich jedoch nie befreunden; namentlich war er ein erklärter Feind des Tugendgeschwätzes gewisser stoischer Scheinphilosophen, die er daher bei jeder Gelegenheit lächerlich zu machen sucht. Diese seichten, langathmigen Aretalogen, als deren Vertreter uns Crispinus, Damasippus, Stertinius erscheinen, werden von Horaz mit der Lauge des Witzes und Spottes begossen, diese werden in ihrer komischen Überhebung und in ihrem anmassenden Unfehlbarkeitsdünkel lächerlich gemacht, nicht die stoischen Grundsätze an und für sich. Wie gesagt also, Horaz war kein Philosoph von Profession: seine Philosophie war ein durch Empirie gewonnener, auf subiectiver Stimmung beruhender Eklekticismus. (Ode ad se ipsum Ep. 1. 1). Entbehrend der philosophischen Tiefe und Gründlichkeit der Stoiker und von Natur aus mit einem humanen Herzen begabt, fasst er daher die Fehler und Laster, die er geisselt, nicht als solche, er sieht darin nicht Abweichungen vom moralischen Princip, er nimmt sie nicht als sittliche Verirrungen, die als solche alle in gleicher Weise unsere Verdammung und Verurtheilung verdienen [2]), sondern er betrachtet dieselben als Ungereimtheiten und menschliche Schwächen, die am besten dadurch curiert werden können, dass man sie lächerlich macht und das Widerspruchsvolle an ihnen nachweist. [3]).

waren, indem nach Triemel (im a. Progr. p. 22) Horaz in Lucilius zugleich die Conservativen verspotten wollte, lässt sich mit Sicherheit nicht sagen, soviel jedoch steht fest, dass wir keinen Grund haben, an der Gerechtigkeit seines Urtheiles hinsichtlich des Lucilius zu zweifeln. Vgl. auch Oertner im a. Progr. p. 15.

[1]) Die politische Wichtigkeit der Reise des Mäcen kommt in dieser 5. Satire nicht weiter in Betracht. Wenn daher Jaeger im a. Progr. p. 8 die Meinung äussert, dass der Gegensatz zwischen dem Ernste der Vorbereitungen und dem schliesslichen Erfolge — zwischen der Idee und deren Verwirklichung — den Griffel des Satirikers in Bewegung gesetzt habe, so scheint er mir übers Ziel geschossen zu haben. Vielmehr sind es die kleinen, aber ergötzlichen Erlebnisse, das lächerliche Benehmen mancher Personen, überhaupt das Niedrigkomische des Alltagslebens, was darin geschildert wird. Vgl. Oertner im a. Progr. p. 10.

[2]) Sat. I. 3, 96 ff.

[3]) Horaz kannte eben die menschliche Natur und wusste, dass man nicht mit zu strengen Anforderungen an dieselbe herantreten dürfe. „Virtus est vitium fugere et sapientia prima stultitia caruisse" sagt er selbst. (Ep. I. 1, 41). Vgl. Jaeger im a.

Der Ton in seinen Satiren wechselt also zwischen launigem Humor, der den Leser unwillkürlich ansteckt, und unschuldigem Witz, der zwar sticht, aber nicht tief verwundet; nur wenn er auf seine persönlichen Gegner zu sprechen kommt, die nicht aufhörten ihn zu necken und zu verkleinern, wird er bitter und bestreicht die Pfeile, die er gegen seine Gegner absendet, mit ätzender Lauge.

Der Milde seines Herzens folgend sucht er den Ernst und die Strenge seiner Satire auf jede Weise zu mildern, was er durch verschiedene Mittel zu erreichen sucht. Diesem Zwecke dienen die kleinen Erzählungen und Fabeln, die er in seine Satiren meisterhaft einzuflechten versteht, durch welche einerseits die vorgetragenen Grundsätze auf eine belehrende und zugleich unterhaltende Weise illustriert werden, andererseits aber der Ernst und die Strenge der Discussion gemildert wird. Den gleichen Zweck verfolgt er, indem er nach langer, ernster Untersuchung über diesen oder jenen Punkt plötzlich den Ton ändert und der ganzen Untersuchung einen launigen, mit feinem Spott gewürzten Schluss gibt, was namentlich von denjenigen Satiren gilt, die stolsche Grundsätze und Lehren zum Thema haben. In der gleichen Absicht geschieht es, dass er in den Satiren, worin der übermässige Luxus und das Abgehen von der einfachen, natürlichen Lebensweise getadelt werden, nicht in eigener Person auftritt, sondern die Strafpredigt jemand anderen halten lässt, gewöhnlich einen derben handfesten Bauer, dem man seine Offenheit eher nachsehen kann, wenn man sich auch getroffen fühlt, oder dass er die Strafpredigt an sich selbst adressiert [1], nicht als ob er gerade alle die Fehler und Schwächen hätte, die er sich vorhalten lässt, sondern um weniger anzustossen, indem er sich selber vom Tadel nicht ausschliesst. Der Ernst der Untersuchung wird ferner gemildert und zugleich die komische Wirkung und Anschaulichkeit gesteigert durch den pathetischen Ton, den der Dichter oft absichtlich anschlägt, und durch die dramatische Einkleidung, die er einigen seiner Satiren gab; insbesondere gilt dieses in höherem Masse von den Satiren des zweiten Buches, die gegen die des ersten Buches einen grossen Fortschritt zeigen sowohl hinsichtlich der Form als auch der Behandlung.

Wir haben bei Gelegenheit schon bemerkt, dass Horaz das politische Gebiet in seinen Satiren nicht berührt und auch den Grund davon angegeben. Aber nicht bloss politische Verhältnisse zu berühren war misslich, auch sonst war das Zeitalter des Horaz ein anderes, als das des Lucilius. Republikanische Einfachheit und Offenheit waren Tugenden und Vorzüge, die man mehr bewunderte als selbst übte. In Erkenntnis dieser Abneigung seiner Zeitgenossen gegen offenen Tadel gab also Horaz die Fehler und Laster seiner Zeitgenossen nicht so sehr offenem Spotte preis, als er sie vielmehr in ihrer Lächerlichkeit zeigte [2].

Progr. p. 13: „Horaz ist ein Kind seiner Zeit, die Thorheiten, Verkehrtheiten, Fehler derselben vermögen ihm nicht die Liebe zur Mitwelt zu nehmen . . . ."

[1] Vgl. Triemel im a. Progr. p 17: „Übrigens rechnet er (Horaz), indem er, wie schon Lucilius that, kleinere Fehler bereitwillig eingesteht, auf die allgemeine Nachsicht . . . . Zugleich benimmt er dem Ärgernis, das etwa seine Satiren noch hervorrufen könnten, dadurch beinahe den letzten Rest von Schärfe. Er will eben nicht verletzen, sondern durch tadelnde Belehrung die eingeschlummerte Erkenntnis wecken."

[2] Lucilius hatte noch mit echt republikanischer Rücksichtslosigkeit die Fehler seiner Zeitgenossen getadelt. Seit der Einführung der Monarchie hatte

Ausser den zwei angeführten Gründen, von denen der eine in der Subiectivität des Dichters, der andere in den Zeitverhältnissen lag, ist aber noch ein dritter Grund, der den Horaz bewogen haben mag, in seiner Satire einen mehr milden Ton anzuschlagen. Die Satire sollte ein poetisches Erzeugnis sein. Als solches unterlag sie den für die Poesie geltenden Gesetzen, namentlich dem Gesetze der Schönheit, dem obersten Postulate für alle poetischen Erzeugnisse. „Aut prodesse volunt aut delectare poetae" — [1]) der Dichter soll nicht bloss lehren, er soll auch ergötzen und unterhalten. Die Aufmunterung zur Tugend und die Verurtheilung und Ausrottung des Lasters ist Sache des Philosophen. Die Hinstellung des nackten Lasters kann also nicht Sache des Dichters sein, auch des satirischen nicht; denn das Laster erfüllt uns mit Abschen und Verachtung und erregt in uns ein Gefühl des Missbehagens, entgegengesetzt dem wohlthuenden Gefühle, das die Schönheit erweckt [2]). In richtiger Würdigung also dessen, dass die Poesie das Gefühl der Beruhigung und Zufriedenheit erwecken müsse, stellt Horaz die Laster nicht in ihrer ganzen, abschreckenden Wirklichkeit dar, sondern mildert die das Gemüth verletzende Hässlichkeit derselben dadurch, dass er sie in eine Art von poetischer Färbung hüllt, und hält sich gleich fern von der grausenden Wirklichkeit und Natürlichkeit, mit der, wie wir später sehen werden, Juvenal seine Sittengemälde entworfen hat, wie von der phantastischen Tugendschwärmerei des Persius. Seine Satiren sind in ihrer Mehrzahl theils harmlose Betrachtungen, theils pikante Causerieen, in denen sich wie in einem Spiegel das Leben sammt seinen Absonderlichkeiten, Widersprüchen, Verkehrtheiten und Tollheiten abspiegelt. Wer sich in diesem Spiegel sieht — und wer sähe sich nicht darin —, der fühlt sich, wenn er überhaupt noch besserungsfähig ist, unwillkürlich gemahnt, ernstlich an seine Besserung zu denken, ohne über den Schalk von einem Dichter, der ihm den Spiegel vorgehalten, im Ernste böse sein zu können: wie sollte er es auch sein, da er im Spiegel neben sich das Bild des Dichters selbst erblickt?

Der zweite bedeutende römische Satiriker ist der schwärmerische Anhänger und Bewunderer der stoischen Philosophie, dem leider [3]) ein kurzer Lebenslauf beschieden war, — Persius Flaccus. Zu Volaterrae in Etrurien geboren, kam er mit dem 12. Jahre nach Rom und schloss sich hier, nachdem er seine Ausbildung vollendet hatte, bald an den als philosophischen und grammatischen Schriftsteller bekannten Annaeus Cornutus an.

---

sich der Ton in der guten Gesellschaft geändert, an die Stelle der früheren Rücksichtslosigkeit war eine gewisse Nachsicht und ein feiner Tact getreten. Vgl. Triemel im s. Progr. p. 17.

[1]) Ep. II. 3, 333.

[2]) Vgl. Stepan: Die dichterische Individualität des Persius. Achter Jahresbericht des Landes-Realgymnasiums in M.-Schönberg 1881 p. 9: „Auch nicht eine Satire (Horazens) kann man als solche ansehen, die es mit einem Grundgebrechen seiner Zeit als solchem zu thun hätte. Selbst in der zweiten Satire des ersten Buches fasst er das störende Eingreifen in das Eheleben nicht von Seite des moralisch verwerflichen, sondern des thörichten Handelns auf."

[3]) Wenn Teuffel in seinen „Studien und Charakteristiken" p. 401 meint, Persius sei für seinen Ruhm gewiss nicht zu früh gestorben, denn er hätte sich bald erschöpft, und wenn wir statt fünf stoischer Betrachtungen zehn hätten, so wäre unsere Achtung vor dem Dichter nicht grösser, so scheint er mir denn doch zu strenge zu urtheilen. Denn einmal zeigt der Dichter in der I. Satire, die, wie von vielen ange-

XV

Die Dankbarkeit, die Persius gegen seinen väterlichen Freund empfand, ist von ihm selbst mit beredten Worten in Sat. V. geschildert worden, ein Zeugnis, gleich ehrenvoll für den Lehrer wie für den Schüler. Auch andere Männer, gleich ausgezeichnet durch Gediegenheit des Wissens und Festigkeit des Charakters, von denen hauptsächlich Thrasea Paetus und Helvidius Priscus erwähnt zu werden verdienen, würdigten Persius ihres Umganges und trugen zur Ausbildung und Kräftigung seines Charakters bei. Es waren damals für Rom traurige Zeiten: die besten Männer fielen dem tyrannischen, dabei aber höchst eitlen und eifersüchtigen Nero zum Opfer; auch sich ins Privatleben zurückzuziehen half wenig; denn auch dieses wurde als Auflehnung und Opposition ausgelegt. So zogen sich denn die besten Männer in die Stille ihrer Behausung zurück und trösteten sich dort, den Wissenschaften, namentlich der stoischen Philosophie, obliegend, über die Verderbtheit der Zeiten, bereit, wenn ihnen nicht vergönnt sein sollte, ehrenvoll zu leben, wenigstens rühmlich zu sterben. In diese traurigen Zeiten unter Nero fällt auch das Leben und die schriftstellerische Thätigkeit des Persius. Daraus erklärt sich auch theilweise das, worauf wir noch zu reden kommen, und was den Satiren des Persius in so hohem Grade eigenthümlich ist, wir meinen einerseits den idealen Schwung derselben und den tiefen sittlichen Ernst, von dem sie durchdrungen sind, andererseits die unbestreitbare Dunkelheit, an der sie zum grossen Theile leiden.

Alles um sich her in Lasterhaftigkeit und Versunkenheit sehend, hält der für alles Schöne und Edle begeisterte Jüngling nur um so fester an dem einmal gebildeten Ideal der Jugend; die Vollkommenheit darin ist das Ziel, nach dem er unermüdlich hinstrebt und wozu er auch andere aneifern möchte; alles Halbe und Unvollkommene ist ihm ein Greuel. Aber die Zeiten waren nicht darnach, um ungestraft als Bekämpfer des Lasters auftreten zu können; eine ideale und schwärmerische Anpreisung der Tugend gieng wohl noch an, Personen und Laster offen zu bekämpfen, wäre jedoch ein nutzloses Wagnis gewesen. Deshalb die Zurückhaltung, die sich Persius auflegt, wo er auf Verhältnisse zu sprechen kommt, bei denen es nahe lag, eine Beziehung zu finden, deshalb die oft unverschuldete Dunkelheit. Übrigens hätte es auch wenig genützt, das Laster direct zu bekämpfen, so lange die Grundbedingungen zur Besserung — die Empfänglichkeit für Tugend und Schätzung ihres Wertes -- fehlten. Diese Grundbedingungen zur Besserung zu legen, hatte sich Persius in seinen Satiren zur Aufgabe gestellt, indem er seinen Zeitgenossen die Erhabenheit der Tugend vorhält und sie mit feurigen Worten zu einer alles Mittelmässige ausschliessenden, dem Höchsten zustrebenden Selbstvervollkommnung auffordert [1]).

nommen wird, seine letzte war, einen bedeutenden Fortschritt, indem er die Charaktere individueller erfasst und die Literaturerscheinungen tiefer entwickelt, dann aber darf man die Mängel der Darstellung und des Ausdruckes, die ihre Erklärung in dem auf das Äusserliche und Pikante gerichteten Zeitgeschmacke finden, nicht dem Dichter speciell zur Last legen. Vgl. Lüttich: Über die Mängel und Vorzüge der Satiren des Persius. Jahresbericht des Domgymnasiums zu Naumburg a/S. 1877 p. 25—26. Vgl. auch Stepan im a Progr. p. 29.

[1]) Vgl. Lüttich im a. Progr. p. 9: „Der Stoicismus in seiner ganzen Strenge ist somit das einheitliche Princip, von dem bei Persius alles ausgeht. Seine Satiren

Nachdem wir so im allgemeinen die Dichtung des Persius charakterisiert haben, wollen wir zu seinen Satiren selbst übergehen und sie ihrem Inhalte nach kurz betrachten, worauf wir die Eigenthümlichkeiten seiner Satire im Vergleich zur Horazischen besprechen wollen.

Den 6 Satiren, die wir von Persius besitzen, ist ein Prolog vorangestellt, worin der Dichter, indem er sich bescheiden einen semipaganus nennt, der auf den Namen eines Dichters keinen Anspruch erhebe, in 14 Skazonten oder Hinkiamben die Dichterlinge geisselt, die da den Mund vollnehmen und der staunenden Welt weisszumachen suchen, sie seien von den Musen begnadete Poeten, während doch blosser Eigennutz und Gewinnsucht die Triebfeder ihres dichterischen Schaffens sind [1]).

Die erste Satire enthält die Darlegung der Gründe, die den Dichter zur Satire geführt haben, und eine strenge Verurtheilung der Verkehrtheiten der damaligen Zeit auf dem Gebiete der Poesie und Beredsamkeit. Die Dichter und Redner buhlen mit allen möglichen Mitteln um die Gunst des Publicums, dieses wiederum will nur unterhalten sein [2]). Die ganze Satire ist voll dramatischer Anschaulichkeit und scharfen Witzes, während die folgenden mehr mit rhetorischer Breite stoische Sätze behandeln.

In der zweiten Satire zeigt der Dichter, ausgehend von dem stoischen Satze, dass nur der Weise richtig zu beten verstehe, die Verkehrtheiten, die sich die Menschen in ihren Gebeten an die Götter zu Schulden kommen lassen. Mit tiefgefühlter Entrüstung werden zunächst jene gegeisselt, die im Vertrauen auf die Nachsicht der Götter sich erkühnen, denselben mit lasterhaften und unsittlichen Wünschen zu nahen; alsdann wird gezeigt, dass manche Wünsche unverständig, andere ungereimt seien, Schliesslich eifert der Dichter wider die gottlose Gewohnheit, sich die Götter durch kostbare Geschenke geneigt machen zu wollen, da doch ein frommes Gemüth und ein reines und tugendhaftes Herz die besten Opfer sind, die wir den Göttern darbringen können. Die ganze Satire ist von einem tiefen Ernste durchwebt und zeigt eine wahrhaft bewunderungswürdige Vollkommenheit der sittlichen Anschauung [3]).

Die dritte Satire ist mit der ersten verwandt. Wie dort die Verkehrtheiten auf dem Gebiete der Poesie und Beredsamkeit, so werden hier die Schwelgerei, Genussucht und die Lässigkeit der vornehmen römischen Jugend im Studium der praktischen Philosophie gegeisselt. Der Reichthum und die vornehme Geburt seien keine Entschuldigung, sondern vielmehr ein Vorwurf

---

als Lebensbilder sind in allen ihren Besonderheiten lediglich durch diesen Standpunkt über dem Leben bedingt."

[1]) Prolog. v. 6—7. 12 ff.

[2]) Der Unmuth über das verkehrte Treiben zwingt den Dichter zur Satire. (Sat. I, 1 ff.) Ohne Rücksicht auf die Anerkennung von Seite des Publicums, auf die er bei dem blos auf das Äusserliche gerichteten, verdorbenen Geschmacke seiner Zeit auch gerne verzichtet, will er dem Lucilius und Horaz gleich über die menschlichen Verkehrtheiten lachen (Sat. I, 114 ff.). Mit greiflicher Anschaulichkeit werden 2 Vertreter des verderbten Geschmackes charakterisiert: der durch sein prunkendes Äussere und seinen affectierten Vortrag nach der Gunst der Zuhörer haschende Declamator (S.I, 15 ff.) auf der einen, auf der anderen Seite der reiche Poet, der sich die Anerkennung seines Auditoriums zu erkaufen weiss, dabei aber mit ernster Miene ein unparteiisches Urtheil fordert (Sat. I, 53 ff.).

[3]) Sat. II, 21 ff. u. Sat. II, 68 ff.

mehr für ihre Nachlässigkeit [1]). Dabei entwickelt der Dichter in Kürze die Hauptcapitel der stoischen Ethik [2]) und schliesst mit der Widerlegung des Einwandes, dass der gewöhnliche Hausverstand ausreichend sei, das Leben vernünftig zu regeln [3]). Solche mit sich selbst zufriedene Hausverstandmenschen gleichen dem Kranken, der an seine Krankheit nicht eher glauben will, bis er stirbt. Wer dem Geize, der Lüsternheit, der Schwelgerei, der Furcht und dem Zorne unterworfen ist, der ist geistig krank und bedarf der philosophischen Cur.

In der vierten Satire werden, ausgehend vom platonischen Dialog „Alkibiades I.", die vornehmen jungen Leute, die sich an die Verwaltung des Staates herandrängten, ohne die hiezu nöthigen Eigenschaften zu besitzen, zurechtgewiesen und zur Selbsterkenntnis und Selbstvervollkommnung aufgefordert [4]).

Die 5. Satire beginnt mit einer glühenden Schilderung der Gefühle der Dankbarkeit, die Persius gegen seinen Lehrer und väterlichen Freund Cornutus hegte. Dann wendet er sich an die Jugend und fordert dieselbe auf, sich dem Studium der Weisheit hinzugeben und die Selbstvervollkommnung nicht länger aufzuschieben. Daran schliesst sich die Behandlung des stoischen Satzes, „dass der Weise allein frei sei". Frei ist derjenige, der thut, was er will. Dies kann man nur vom Weisen sagen, denn alle anderen folgen ihren Leidenschaften, sind mithin Knechte derselben und unfrei [5]).

Die 6. und letzte Satire ist an den dem Persius befreundeten Dichter Caesius Bassus gerichtet. Der Dichter erkundigt sich zunächst nach dem Aufenthalte und der Beschäftigung seines Freundes und theilt ihm alsdann mit, dass er in Lunae portus frei von Ehrgeiz und Bereicherungssucht ein abgeschiedenes, beschauliches Leben führe. So findet er den Übergang zum zweiten Theile der Satire, worin er den rechten Gebrauch des Reichthums lehrt und diejenigen geisselt, die ihr Vermögen verschwenden oder zu grossem Geize fröhnen [6]). Betrachten wir nun, was den Persius Horazen gegenüber charakterisiert.

Die Satire des Horaz trägt noch manchmal eine kleine Verwandtschaft mit jenen alten Mischgedichten, wie sie die alte satura liebte, zur Schau. Wenn er auch, eingedenk seines eigenen Ausspruches: „denique sit quidvis simplex dumtaxat et unum" [7]), seinen Satiren ein genau abgegrenztes Thema unterlegt, so befolgt er doch in der Behandlung desselben keine streng gegliederte, systematische Ordnung, sondern behandelt den zu besprechenden Gegenstand in einer dem Conversationstone der gebildeten Gesellschaft entsprechenden Weise, die Sprünge und Abweichungen von dem ursprünglichen Thema gestattet. Indessen wenn er auch von seinem Gegenstande abzuweichen scheint, so findet er doch den scheinbar verloren gegangenen Faden der Untersuchung nach jeder Abschweifung immer wieder und vermeidet so auf das glücklichste

---

[1]) Sat. III, 24 ff.
[2]) Sat. III, 66 ff.
[3]) Sat. III, 77 ff.
[4]) Sat. IV, 23 ff. u. Sat. IV, 51—52.
[5]) Sat. V, 83 ff. u. Sat. V, 124 ff.
[6]) Sat. VI, 25 ff: „Messe tenus propria vive et granaria, fas est,
        Emole; quid metuis? occa, et seges altera in herba est."
[7]) Ep. II. 3, 23.

die aus einer zu schulgerechten Behandlung des Stoffes entspringeude Eintönigkeit und Einseitigkeit. Daher kommt es, dass seine Satiren nie ermüden
und selbst bei Wiederholungen, dadurch dass er dem Gegenstande eine neue
Seite abzugewinnen weiss, gleich anziehend bleiben. Anders Persius.

Er stellt seine Themen, die meistens der stoischen Moralphilosophie
entnommen sind, auf und zergliedert dieselben in einer trotz ihrer gesuchten
Natürlichkeit gekünstelten und affectierten Sprache, die bei aller pointierten
Kürze mit Bildwerk überladen ist und sich mit Vorliebe in wuchtigen und
schlagenden Ausdrücken bewegt, bis ins kleinste Detail, verfällt jedoch dabei
in eine einseitige, ermüdende Eintönigkeit, welche bewirkt, dass seine Satiren
alle nach einem Leisten gearbeitet zu sein scheinen [1]). Indem er jeden seiner
Lehrsätze mit einer Reihe von Beispielen belegt, lösen sich seine Satiren 'in
eine Menge von Einzelgemälden auf, die nur lose zu einem Gesammtbilde
verknüpft sind, so dass es bei der sprunghaften Weise, in der der Dichter
seinen Stoff behandelt, namentlich in den dialogischen Partien oft schwer hält,
den verbindenden Grundgedanken festzuhalten. Dazu kommt noch die geringe
Consistenz der uns vorgeführten Personen, die, ehe wir es recht merken, ver-
schwinden oder mit einander vertauscht werden [2]). Während Horaz die
Personen, die er uns vorführt, selbst in dem Falle, wenn sie typisch oder
fingiert sind, nichtsdestoweniger derart zu beleben versteht, dass wir die
geheimsten Triebfedern ihrer Handlungen kennen lernen und ihre innersten
Gedanken lesen können — wir verweisen nur auf die Argumentation des
Geizhalses in der 1. Satire —, präsentieren sich die Gestalten des Persius
bereits als fertige Charaktere ohne Leben und Bewegung, oder ihre Bewegung
ist eine bloss äusserliche und rein mechanische, indem es der Dichter mit
nicht zu leugnender Meisterschaft versteht, einzelne gewissen Menschengattun-
gen eigenthümliche Züge im Reden und Handeln zusammenzufassen und an
einem Individuum zu vereinigen [3]). Zwar sind auch die Charaktere des
Horaz grösstentheils allgemein gehalten: der aufdringliche Geselle, der sich
uns anhängt, ohne dass er sich abschütteln liesse, der prahlerische Empor-
kömmling, der sich auf Küche und Keller zugute thut, stösst uns noch jetzt
auf, aber sie entbehren dennoch nicht der individuellen Lebensfrische, während
die von Persius geschilderten Charaktere blosse abstracte Repräsentanten der
Gattung sind.

Oben haben wir bereits bemerkt, dass Horaz keines philosophischen
Systems einseitiger Anhänger war. Er philosophierte nicht nach den Regeln
irgend einer Schule, seine Philosophie ist eine Sammlung von Vorschriften, wie
man das Leben vernünftig einrichten müsse, hervorgegangen aus seiner eigenen

---

[1]) Vgl. Lüttich im a. Progr. p. 18: „Des Dichters sprachlicher Ausdruck reprä-
sentiert den directen Gegensatz zu dem weichlich zerfliessenden, affectierten Modestil
der Zeit . . . . doch geht er in diesem Bestreben oft zu weit und kommt zur dia-
metral entgegengesetzten Manier: der stoischen Härte des Stiles.

[2]) Über diese dem Persius eigenthümliche Detailmalerei vgl. Lüttich im a. Progr.
p. 13. 19—20. Bezüglich der Härte der Übergänge und des Mangels an Consistenz
der vorgeführten Personen vgl. Stepan im a. Progr. p. 23—26.

[3]) Vgl. Lüttich im a. Progr. p. 14—15. 19—20 Über den Einfluss des Stu-
diums der stoischen Aretalogen und Sophrons auf unseren Dichter, dessen Folge eben
seine Kunst in der Kleinmalerei ist, vgl. Lüttich im a. Progr. p. 22 und Teuffel,
Studien p. 407.

durch Umgang und feine Beobachtung gewonnenen Lebenserfahrung. Nicht
so Persius. Ermangelnd der die Schroffheiten und Überschwenglichkeiten der
Schulphilosophie mildernden und ausgleichenden Lebenserfahrung, ist er ein
treuer Verfechter der stoischen Grundsätze. Der oberste Zweck des Lebens —
die Erreichung der wahren Glückseligkeit, die in einem durch Furcht und
Begierde ungetrübten Gleichmuth der Seele besteht, — ist das Ziel, das ihm
vorschwebt. Ein Feind alles Pactierens und auf halbem Wege Stehenbleibens,
strebt er immerfort diesem hohen Ziele zu und fordert auch seine Mitbürger
dazu auf.

Dabei ist der Ton, den er anschlägt, immer ernst und der Würde des
zu behandelnden Gegenstandes angemessen; man fühlt, dass ihm das, was er
sagt, vom Herzen komme und man ist gezwungen, ihn zu achten. Freilich
entbehren seine Ideen trotz ihrer hohen Sittlichkeit der realen Unterlage und
der praktischen Erfahrung, so dass wir uns bei aller Anerkennung der red-
lichen Absicht für dieselben nicht recht erwärmen können. Horaz hingegen
weiss auch dem ernstesten Gespräche eine humoristische Wendung zu geben,
überall guckt hinter der Maske des Ernstes der Schalk hervor [1]).

Was die Verse des Persius anlangt, so hat er auf dieselben viel Sorg-
falt verwendet, sie fliessen rasch, sind gerundet und voll Wohllaut. Der
Ausdruck ist nach Art der Stoiker kernig und etwas erhaben, dabei jedoch
wegen der schon besprochenen nothwendigen Zurückhaltung und einer gewissen
im Zeitgeschmacke begründeten Manier, die gewisse Sachen mehr andeutet als
deutlich ausspricht, sowie wegen der zahlreichen Verbal- und Gedankentropen
oft bis zur Unverständlichkeit dunkel [2]). Auch ist er wenig selbstständig;
nicht bloss allgemeine Gesichtspunkte, auch einzelne Phrasen und Worte
entlehnt er dem Horaz, so dass seine Satiren zumeist aussehen, wie ein nach
Horaz zusammengeflickter Cento [3]).

Doch mit allen diesen Mängeln, die zum Theile in der Zeitrichtung,
zum Theile in der noch nicht zur Vollendung gelangten formellen Ausbildung
des Dichters ihren Grund haben, söhnt uns des Dichters aufrichtige, vom
Herzen kommende Begeisterung für die Tugend aus, die aus seinen Satiren
so überzeugend spricht.

Der dritte Vertreter der Satire ist D. Junius Juvenalis. Zu Aquinum im
Lande der Volscer als Sohn eines begüterten Freigelassenen oder vielleicht eines
freien römischen Bürgers geboren, kam er später nach Rom [4]). Hier besuchte er

---

[1]) Vgl. Teuffel, Studien p. 400. Lüttich im a. Progr. p. 17.
[2]) Über des Persius Tropen vgl. Stepan im a. Progr. p. 27. Allerdings musste die
von einer lebhaften Gesticulation begleitete Recitation die Dunkelheit erheblich ver-
mindern, auch werden die Satiren des Persius trotz ihres abstracten Charakters manche
Anspielung enthalten haben, welche die Zeitgenossen verstehen konnten, so dass es
ihnen sogleich klar war, „wen der Dichter durch seine Schläge auf den Strauch zu
treffen beabsichtige." Stepan p. 13.
[3]) Seine Abhängigkeit von Horaz in sprachlicher Beziehung hat am ausführ-
lichsten behandelt Werter: De Persio Horatii imitatore. Beilage zum Programm der
lateinischen Hauptschule zu Halle 1883. Ein Drittel der sich bei Persius vorfindenden
Verse deutet nach Werter auf Nachahmung des Horaz, obschon dieselbe nicht immer
beabsichtigt war (p. 3 u. p. 19—20), 28 Wörter finden sich nur bei ihm, 42 erst seit
ihm, gegen 250 gebraucht er in einer ungewöhnlichen Bedeutung. (p. 27).
[4]) Seine Geburtszeit betreffend vgl. Weidner: D. Junii Juvenalis saturae.
Leipzig 1873. Einleitung p. 3 u. 4.

zuerst die Schule eines Grammatikers, später die eines Rhetors. Zu Rom verkehrte er freundschaftlich mit den bedeutendsten Männern seiner Zeit, namentlich mit Martialis und wahrscheinlich auch mit Quintilian. Nachdem er einige Zeit Kriegsdienste gethan — er soll Tribun einer Cohorte gewesen sein — kehrte er wieder nach Rom zurück. Von seinen späteren Schicksalen haben wir keine genaue Kunde, nur soviel wissen wir, dass er gegen Ende seines Lebens aus Rom verbannt wurde, nach einigen nach Britannien, nach anderen nach Ägypten [1]). Bald darauf soll er gestorben sein.

Wir besitzen von Juvenal 5 Bücher Satiren, welche zum grössten Theile eine mit schauerlicher Wahrheit und Treue gezeichnete Darstellung des socialen und sittlichen Verfalles der damaligen Römerwelt enthalten. Im ersten Decennium nach 47 p. Chr. geboren, hatte der Dichter die Sittenverderbnis, wie sie unter Domitian das römische Reich wie die römische Gesellschaft immer tiefer ins Verderben zog, als Mann mitangesehen und konnte darob nur mit tiefstem Schmerze und aufrichtiger sittlicher Entrüstung erfüllt werden [2]). Diese Seelenstimmung, ein Gemisch von stiller Resignation und mit Mühe zurückgehaltener Wuth, zeigt sich insbesondere in den 5 Satiren des I. Buches. In der ersten Satire legt der Dichter die Gründe dar, die ihn zur Abfassung von Satiren bewogen haben. Bei der grossen Menge der verschiedenartigsten Laster sei es für einen unbescholtenen Mann schwer, ruhiger Zuschauer zu bleiben: der Unwille zwinge ihn zum Schreiben [3]). Die Verbitterung, die den Dichter erfüllte, zeigt sich recht deutlich in den verzweifelten Worten: „aude aliquid brevibus Gyaris et carcere dignum, si vis esse aliquid: probitas laudatur et alget." (Sat. I. 1, 73—74).

Es ist eine durch die Erfahrung bestätigte Wahrheit, dass sich die grössten Gegensätze oft berühren. Diese alte Wahrheit bewährte sich auch an der damaligen römischen Gesellschaft. Auf der einen Seite die grösste Schwelgerei und Verweichlichung: die angesehensten Männer nehmen sich in Kleidung, Putz, Lebensweise und Gebahren die Frauen zum Muster, ja, nicht genug daran: sie lassen sich Männern antrauen gleich Weibern. Auf der anderen Seite wieder das unverschämteste und heuchlerischeste Haschen nach einem philosophischen Anstrich [4]). Dieser Widerspruch zwischen Wirklichkeit und Schein wird vom Dichter in der 2. Satire treffend gegeisselt. Wie sehr der Gegensatz zwischen dem äusserlichen Glanz des römischen Weltreiches und der inneren Fäulnis dem patriotischen Herzen des Dichters wehethat, ersieht man aus dem Stossseufzer am Schlusse der Satire: „ . . . . . arma quidem ultra litora Jubernae promovimus et modo captas Orcadas ac minima contentos nocte Britannos; sed quae nunc populi finnt victoria in nrbe, non faciunt illi, quos vicimus." (Sat. I. 2, 159 ff).

In der dritten Satire schildert der Dichter in launiger Weise und mit grosser Anschaulichkeit die Mühsale, die das Leben in Rom einem armen, aber rechtlichen

---

[1]) Vgl. Weidner. Einleitung p. 18 ff. Teuffel, Studien p. 411—412.
[2]) C'est le siècle de Domitien, c'est l'universelle perversité romaine sous cet effroyable tyran, qu' attaqne et qne stigmatise notre poète. (Widal, Juvénal et ses Satires. Paris 1870 p. 14).
[3]) Sat. I. 1, 30 ff. Sat. I. 1, 79—80.
[4]) Sat. I. 2, 3. I. 2, 9—10. I. 2, 19—20.

Manne anflegt. Sittenreinheit and Unbescholtenheit gelten nichts, nur der Reichtbum gibt Ansehen. Deshalb entschliesst sich der Bekannte des Dichters, den dieser in der Satire redend einführt, die Stadt zu verlassen; denn was sollte er auch darin? „Quid Romae faciam? mentiri nescio, librum, si malus est, nequeo laudare et poscere; motus astrorum ignoro; funus promittere patris nec volo nec possum; ranarum viscera nunquam inspexi; ferre ad nuptam, quae mittit adulter, quae mandat, norunt alii . . . " (Sat. I. 3, 41 ff.).

Die 4. Satire gibt dem Dichter Gelegenheit, wieder den Luxus der vornehmen römischen Welt loszuziehen. In einem komisch-pathetischen Tone schildert uns der Dichter, nachdem er zuerst den Günstling des Domitian, Crispinus, verspottet hatte, die Verhandlungen des Staatsrathes, der auf Befehl Domitians allen Ernstes darüber beräth, wie ein gefangener Meerfisch von ungewöhnlicher Grösse am besten zugerichtet werden könnte [1].

In der 5. Satire schildert der Dichter mit gerechter Entrüstung das schmähliche, selbstverschuldete Loos der Parasiten und Possenreisser von Profession. Die 6. Satire bildet ein Buch für sich.

Der Entschluss eines Bekannten [2], in den Ehestand zu treten, gibt dem Dichter die Veranlassung, ein Nachtstück zu malen, das den tiefen Sittenverfall der damaligen römischen Frauenwelt schauerlich beleuchtet. Wir haben zwar keinen Grund, an der Wahrheit der uns gebotenen Zeichnung zu zweifeln, doch scheint nichtsdestoweniger die Vermuthung begründet zu sein, dass der Dichter infolge seiner Abneigung gegen das weibliche Geschlecht zu einem etwas zu starken Auftragen der dunklen Farben verführt worden sei, was auch daraus erhellen dürfte, dass er die kleinen Schwächen weiblicher Eitelkeit mit dem gleichen Eifer verdammt wie die gröbsten Ausschweifungen, die widernatürlichsten Laster.

Das III. Buch umfasste die 7., 8. und 9. Satire. In der 7. Satire beklagt der Dichter die Indolenz und den Mangel an Munificenz von Seite der Vornehmen den Vertretern der Dichtkunst und der soliden Wissenschaften gegenüber. Und doch waren ebendieselben Leute gar nicht knauserig ihren Buhlerinnen gegenüber oder wenn es galt noblen Passionen zu fröhnen. Mit sarkastischer Ironie sagt der Dichter in dieser Beziehung: „Non habet infelix Numitor, quod mittat amico: Quintillae quod donet, habet: nec defuit illi, nude emeret multa pascendum carne leonem iam domitum: constat leviori belua sumptu nimirum, et capiunt plus intestina poetae." (Sat III. 7, 74 ff.). Nicht Talent und Wissen, sondern bloss der Aufwand, den jemand mache, diene zum Massstab seiner Beurtheilung.

Die 8. Satire verurtheilt den Ahnenstolz, der sich auf keine eigenen Verdienste zu stützen hat, und zeigt, dass der wahre Adel auf eigener Tüchtigkeit beruhe [3]. In der 9. Satire, die ein Muster beissenden Spottes ist, lässt der Dichter den verkommenen Naevolus eine treffliche Selbstironie auf sein erbärmliches Leben halten. Sie gewährt uns einen tiefen Einblick in den Verfall, dem auch die Heiligkeit des Familienlebens zum Opfer gefallen war. Die 10., 11. und 12. Satire bilden das vierte Buch.

---

[1] Sat. I. 4, 37 ff.
[2] Sat. II. 6, 25 ff. II. 6, 45 ff.
[3] Sat. III. 8, 24 ff, III. 6, 269 ff.

Die 10. Satire schlägt einen mehr belehrenden Ton an und zeigt, dass die meisten Menschen in ihren Wünschen und Gebeten fehlen, indem sie Eitles und Überflüssiges oder gar ihnen Schädliches von den Göttern verlangen [1]). Die 11. und 12. Satire haben einen mehr persönlichen Anstrich. Die Einladung an einen Freund zu einer frugalen Mahlzeit nimmt der Dichter in der 11. Satire zum Anlass, gegen den Tafelluxus seiner Zeit loszuziehen [2]). In der 12. Satire stellt der Dichter die wahre, uneigennützige Freundesliebe, die er seinem aus einem Schiffbruch geretteten Freunde kundgibt, dem Egoismus seiner Zeit gegenüber, der sich namentlich in der zur Mode gewordenen Erbschleicherei offenbarte [3]).

Das 5. Buch endlich besteht aus der 13., 14., 15. und 16. Satire.

Die 13. und 14. Satire sind in einem ruhigen, belehrenden Tone geschrieben. In der 13. Satire lehrt der Dichter, indem er einen Freund, der einen Verlust an seinem Vermögen erlitten, tröstet, dass der Schmerz des Mannes über zeitlichen Verlust seine Grenzen haben und frei von Rachsucht sein müsse. Daran schliesst sich der Nachweis, dass unrechter Gewinn wie überhaupt jedes Verbrechen im bösen Gewissen seinen Richter und Bestrafer finde. Von tiefem moralischem Verständnis zeugen die Worte: „ . . . . prima est haec ultio, quod se · iudice nemo nocens absolvitur . . . " (Sat. V. 13, 2—3) und: „poena autem vehemens ac multo saevior illis,] quas et Caedicius gravis invenit et Rhadamanthus, · nocte dieque suum gestare in pectore testem." (Sat. V. 13, 196 ff.). Endlich wenn er sagt: „nam scelus intra se tacitum qui cogitat ullum, ' facti crimen habet . . . " (Sat V. 13, 209—210).

In der 14. Satire zeigt der Dichter, wie sehr die Kinder geneigt sind, die Fehler ihrer Eltern nachzuahmen, wobei namentlich das ungezügelte Streben nach Geld gegeisselt wird; man müsse sich daher vor allem hüten, was die zarten Herzen der leicht empfänglichen Jugend schädigen könnte. Treffend sagt in dieser Beziehung der Dichter: „Ergo miser trepidas, ne stercore foeda canino '| atria displiceant oculis venientis amici, ' ne perfusa luto sit porticus, ... ' illud nun agitas, ut sanctam filius omni '| aspiciat sine labe domum vitioque carentem?' (Sat. V. 14, 64 ff.).

Die 15. und 16. Satire endlich sind bar jeder satirischen Tendenz und ohne Schwung und Kraft, weshalb man sie auch dem Juvenal absprechen zu müssen glaubte; jedenfalls zeigen sie, dass sie von dem bereits alternden Dichter verfasst sein müssen. Die 15. enthält eine Verurtheilung der rohen Leidenschaften der Feindschaft und des Hasses; die 16. eine Anpreisung des Militärstandes; sie ist übrigens unvollendet.

Wir haben bereits oben bemerkt, dass der Unmuth über den socialen Sittenverfall dem Dichter den Griffel in die Hand gedrückt habe. Zwar begann er seine schriftstellerische Thätigkeit erst mit Trajan, während die Personen, die er angreift, insoweit die Namen nicht typisch oder fingiert

---

[1]) Sat. IV. 10, 1 ff.
[2]) Sat. IV. 11, 9 ff. IV. 11. 16. IV. 11, 35 ff.
[3]) Sat. IV. 12, 48—51.

sind, einer früheren Zeit angehören [1]), aber es sind eben nicht einzelne Personen, die er bekämpfen will, sondern die Laster und Verkommenheiten, und diese waren auch in seiner Zeit so ziemlich die gleichen geblieben [2]); auch bot erst die glücklichere Zeit unter Trajan dem Dichter die Möglichkeit, dem Unwillen, der sein ganzes Innere erfüllte, Ausdruck zu geben.

Was nun die Art und Weise der Behandlung des Stoffes anlangt, so unterscheidet sich Juvenal sowohl von Horaz als auch von Persius. Auch Horaz verurtheilt das Laster, aber er zeichnet dasselbe nicht in seiner ganzen Nacktheit, wie er überhaupt mehr die allgemein menschlichen Schwächen, von denen er auch sich selbst nicht ausschliesst, zu behandeln liebt. Der Standpunkt, von dem aus er die menschlichen Thorheiten und Verirrungen betrachtet, ist der eines Mannes, der sich durch Studium und Lebenserfahrung über den Haufen der Durchschnittsmenschen emporgehoben hat und von diesem erhöheten Punkte aus das Treiben der Menschenwelt unter sich beobachtet: lächelnd, wenn er sieht, dass aus Unverstand gefehlt wird, manchmal wohl auch etwas ärgerlich, wenn er bemerkt, dass auch Bosheit im Spiele ist, nie jedoch im Zorne polternd und fluchend, da die Kenntnis seiner eigenen Natur und ihrer Schwächen ihn auch in der Beurtheilung und Verurtheilung anderer milde und nachsichtig sein lehrt.

Ganz anders verfährt Juvenal. Er stellt das Laster in seiner ganzen Blösse dar und wüthet und poltert dagegen, ist jedoch nicht imstande, dasselbe generell aufzufassen, wenn auch das 3. und 4. Buch theilweise Ausnahmen davon machen, noch auch hat sein Zorn einen idealen Anhauch: er versteht es meisterlich, das Hässliche zu zeichnen, das Schöne darzustellen und dadurch für dasselbe zu begeistern, versteht er nicht. Und das ist es, worin ihn Persius weit übertrifft. . Zwar sind die Gemälde Juvenals naturgetreuer, lebensfrischer und kräftiger, aber der ideale Hintergrund fehlt ihnen. Auch Persius hasst das Laster; aber um davon abzuschrecken, stellt er es nur mehr andeutungsweise und in äusseren Umrissen dar, malt dagegen sein Gegentheil — die Tugend in ihrer ganzen, bezaubernden Schönheit. Es könnte zwar einge-

---

[1]) Sat I. 1, 162 ff: „Securus licet Aenean Rutulumque ferocem
      Committas, nulli gravis est percussus Achilles
      Aut multum quaesitus Hylas urnamque secutus.
      Ense velut stricto quotiens Lucilius ardens
      Infremuit, rubet auditor, cui frigida mens est
      Criminibus . . . . . .
      . . . . . experiar, quid concedatur in illos,
      Quorum Flaminia tegitur cinis atque Latina.“

[2]) Vgl. Weidner, Einleitung p. 8 und 9. vgl. auch Christ: Über die Art und Tendenz der Juvenalischen Personenkritik. Neunter Jahresbericht des k. k. Staats-Obergymnasiums zu Landskron in Böhmen. 1880—81. p 9: „Indem (Juvenal) den Römern ein klares Spiegelbild ihrer Versunkenheit vorhalten will, schildert er eine zwar vergangene Zeitperiode, deren Nachwirkungen jedoch sie noch fortleben lassen und sich gerade jetzt, wo auch dem Bessern Raum geschaffen werden soll, erst recht fühlbar machen." Übrigens lässt sich nicht leugnen, dass die Darstellungsweise Juvenals an einer gewissen Zeitverschwommenheit leidet, wie wir andererseits keinen Grund haben, der von Christ verfochtenen Ansicht zu widersprechen, der Dichter habe unter dem vorgeschützten Namen Verstorbener Zustände und Personen der Gegenwart treffen wollen, wenn sich auch der Beweis dafür nicht immer erbringen lässt. (Christ im a. Progr. p. 20).

wendet werden, dass Juvenal, wenn er der Wahrheit treu bleiben wollte, nicht anders verfahren konnte, und dass die Zeiten, die er zu schildern hatte, und nicht er Schuld trügen, dass die Gemälde, die er entworfen, eine dunkle Färbung hätten [1]). Allein obschon sich nicht leugnen lässt, dass dieser Einwurf seine theilweise Berechtigung hat, so werden wir doch schwerlich fehlgehen, wenn wir behaupten, dass der Mangel an einer gewissen philosophischen Obiectivität, ferner die Vorliebe der Rhetorik, der Juvenal früher oblag, für das Pathetische und Contrastreiche, endlich wohl auch zum Theile das bereits vorgerückte Alter des Dichters und infolge dessen eine gewisse Neigung, die Dinge schwärzer zu sehen, als sie in der Wirklichkeit sein mochten, mit verschuldet haben, dass die Zeichnungen so dunkel ausfielen. Doch hat Juvenal während seiner dichterischen Thätigkeit allmählig eine grössere Ruhe und einen weiteren und freieren Blick erworben, so dass z. B. die 10., 13. und 14. Satire einen ganz Horazischen Anstrich haben.

Was endlich die Anlage der Juvenalischen Satiren anlangt, so verräth auch sie uns den gewesenen Rhetor durch den schulgerechten Plan, nachdem sie entworfen sind, durch die genaue Abgrenzung der jedesmal zu behandelnden Materie, sowie durch die Häufung der Beispiele. Die kunstvolle Nonchalance, mit der es Horaz versteht, von dem Gegenstande abzuspringen, ohne jedoch den Faden der Untersuchung aus der Hand zu verlieren, kennt Juvenal nicht; bei ihm ist alles genau abgezirkelt und aufs strengste bemessen. Auch den leichten, plaudernden Ton, durch den Horaz die Leser zu fesseln weiss, vermisst man bei Juvenal. Dagegen ist seine Sprache kräftig und tönend, der Ausdruck voll Präcision und satirischer Schärfe. Schärfe der Beobachtung und Darstellung, Richtigkeit und Wahrheit der Zeichnung, Kraft und Schwung des Ausdruckes sind es, die Juvenal auszeichnen. Was wir an ihm vermissen, ist tiefere, philosophische Auffassung und ruhige Obiectivität, sowie die aus idealer [2]) Begeisterung entspringende Zuversicht auf eine bessere Zukunft. Wenn man jedoch die Aufrichtigkeit der von ihm zur Schau getragenen sittlichen Entrüstung in Zweifel zieht, so thut man ihm entschieden Unrecht, wenn wir auch gerne zugeben, dass er auch hierin den echten Römer nicht verleugnet: nicht so sehr als Übertretung des Sittengesetzes brandmarkt er das Laster, sondern als Verstoss gegen das Herkommen, gegen den mos maiorum

Fassen wir das Gesagte kurz zusammen.

Aus Unmuth über die Verderbtheit der Zeiten griffen alle drei, Horaz nicht minder wie Persius und Juvenal zum Griffel des Satirikers: lachen wollten sie über die menschlichen Verkehrtheiten und Thorheiten. Freilich ist das helle, unschuldige Lachen, das auch andere unwillkürlich ansteckt, nur Horazen gelungen: die Laster und Verbrechen, gegen die Persius und Juvenal ankämpften, liessen sich dadurch, dass man sie bloss lächerlich machte, nicht curieren, sie fordern vielmehr die schärfste Verurtheilung und Verdammung heraus. Aber nicht bloss die Verschiedenheit der Zeitverhältnisse,

---

[1]) Vgl. Weidner, Einleitung p. 10. Teuffel, Studien p. 417 ff.
[2]) Von einer religiösen Überzeugung des Dichters im Sinne des Volksglaubens kann natürlich ebensowenig die Rede sein als bei Horaz oder Persius, doch hat keiner der beiden letzteren dem Gedanken, dass sich die Götter um die Menschheit nicht kümmern, so schroffen Ausdruck gegeben, wie Juvenal. Vgl. Teuffel, Studien p. 418.

auch die des Charakters und Bildungsganges musste auf Ton und Färbung der Satire jedes einzelnen von ihnen bestimmend einwirken. Horaz ist zu wenig Philosoph und hat doch zu viel Philosophie, um je einseitig zu werden und sich den klaren Blick trüben zu lassen; Persius ist zu viel Philosoph, hat jedoch zu wenig Philosophie und praktische Erfahrung, um sich nicht manchmal vom realen Boden thatsächlicher Verhältnisse in das nebelhafte Reich phantastischer Schwärmereien zu verlieren; in Juvenal endlich zeigt sich uns der zwar persönlich ehrenhafte, scharf und richtig beobachtende, aber doch auf einem, wenn ich so sagen darf, spiessbürgerlichen Standpunkte stehende, rauhe Kriegsmann, dessen Blick immer nur an einzelnen Dingen haften bleibt, und der nicht imstande ist, sich zu einer höheren, idealen Auffassung der Erscheinungswelt aufzuschwingen.

Ant. Artel.

Schulnachrichten

über das

Schuljahr 1883/84.

A. Aus der Geschichte der Lehranstalt.

Als am 17. Juli 1883 Se. Majestät unser allergnädigster Herr und Kaiser Franz Joseph I. auf der Rückreise nach Ischl Villach passierte, betheiligte sich auch der noch in Villach anwesende Theil des Lehrkörpers am Empfange, der am Bahnhofe stattfand. Se. Majestät geruhte, an den Director einige Fragen über die Lehranstalt zu richten.

Am 4. September wohnte der in Villach anwesende Theil des Lehrkörpers dem feierlichen Hochamte mit Te Deum bei, welches in der Stadtpfarrkirche anlässlich der glücklichen Entbindung Ihrer kaiserl. und königl. Hoheit der Durchlauchtigsten Kronprinzessin Stephanie von einer Erzherzogin abgehalten wurde. Nach demselben begab sich eine Deputation, geführt von dem Director, zum Herrn Bezirkshauptmann, um die ehrfurchtsvollsten Glückwünsche zu diesem freudigen Ereignisse in unserer erhabenen und allverehrten Herrscherfamilie auszusprechen.

Am 14. und 15. Sept. Aufnahme der Schüler, Vornahme der Aufnahms- und Wiederholungsprüfungen. Am 16. Sept. Eröffnung des Schuljahres mit einem hl. Geistamte und Veni sancte spiritus. Am 17. Sept. Beginn des Unterrichtes.

Am 4. October Feier des Namensfestes Sr. Majestät unseres allergnädigsten Herrn und Kaisers Franz Joseph I. durch ein Hochamt in der Kreuzkirche, welchem der Lehrkörper und die studierende Jugend beiwohnten, und während dessen die Volkshymne gesungen wurde. Dieses hohe Fest hatte die Anstalt bisher in Gemeinschaft mit den anderen Corporationen und Schulen in der Stadtpfarrkirche gefeiert; die angegebene Änderung wurde durch die Überfüllung veranlasst, welche in der Stadtpfarrkirche bei diesem Anlass nachgerade zu Tage trat.

Am 2. November (Allerseelentag) Seelenmesse für die verstorbenen Lehrer, Schüler und Wohlthäter der Anstalt, welcher Mitglieder des Lehrkörpers und die Schüler beiwohnten.

Am 9. Februar Schluss des I., am 13. Februar Beginn des II. Semesters.

4

Sonntag den 2. März von 5 bis 6½ Uhr abends fand eine musikalische Production der circa 80 Gesangsschüler der Anstalt unter Leitung des Gesangslehrers derselben, Hrn. R. Rinesch, zu Gunsten des Studenten-Unterstützungsvereines statt. Zur Aufführung gelangten zwei gemischte Chöre von Mendelssohn: „Im Walde" und „Neujahrslied"; zwei Violin-Quartette, arrangiertvon Zanger, „Ave verum corpus" von Mozart und Rondo aus dem 39. Quartett von Haydn; I. Scene aus dem I. Act der Oper „Orpheus" von Gluck, gemischter Chor mit Clavierbegleitung; IX. Concert von Bériot für die Violine mit Clavierbegleitung; schliesslich „Maientraum", Walzeridylle (mit theilweise geändertem Text) von Tilkowsky, Männerchor am Clavier vierhändig und durch zwei Violinen begleitet. Sämmtliche Nummern wurden in einer Weise ausgeführt, die nicht nur den mitwirkenden Kräften (es waren dies durchgehends gegenwärtige Schüler des Gymnasiums) und dem Herrn Dirigenten, sondern dem ganzen Gymnasium zur Ehre gereicht. Das sehr zahlreich erschienene Publicum spendete reichsten Beifall. Die Musikkenner sprachen sich sehr lobend aus und erklärten, durch die trefflichen Leistungen förmlich überrascht zu sein. -- Auch der wohlthätige Zweck, für welchen das Ertrignis der Production bestimmt war, nämlich der Studenten-Unterstützungsverein, fand seine volle Rechnung: es giengen nahezu 140 fl. ein.

Am 17. Mai wurde in der Kreuzkirche für Ihre k. k. Majestät die selige Kaiserin Maria Anna ein Trauergottesdienst abgehalten, welchem der Lehrkörper und die Schüler beiwohnten.

Am 27. Mai inspicierte der k. k. Landesschulinspector, Herr Dr. J. Zindler, den Unterricht in einigen Gegenständen.

Am 26. Juni beehrte der k. k. Landespräsident, Herr Baron von Schmidt-Zabierow, begleitet von dem k. k. Statthaltereirathe Herrn Dr. M. Gotter, ökonomischen Referenten des h. k. k. Landesschulrathes, ferner von dem Herrn Bezirkshauptmanne von Villach, dem Herrn Bürgermeister der Stadtgemeinde Villach und zwei Herren Gemeinderäthen die Anstalt mit seinem Besuche und wohnte dem Unterrichte in einer Classe längere Zeit bei. —

Der Gesundheitszustand des Lehrkörpers und der Schüler war im allgemeinen ein befriedigender. Der Unterricht erlitt keine Unterbrechung.

Das Schuljahr wird am 15. Juli mit einem feierlichen Hochamte und der Absingung der Volkshymne geschlossen werden.

Die Veränderungen im Lehrkörper sieh unter C. —

Weiters sind an dieser Stelle zwei für die Anstalt hochwichtige Punkte zu verzeichnen. Der Weiterbau des Schulhauses, in diesen Jahresschriften wiederholt als sehr wünschenswert und demnächst bevorstehend bezeichnet, ist zur Thatsache geworden: er wurde bereits im heurigen Frühjahr begonnen und wird bis zum 15. September 1885 beendet sein. Diese Frage wurde durch die Realisierung des Graf Widmann'schen Testamentes in Fluss gebracht; infolge dieses Testamentes nämlich wird ein (mit der Anstalt in Verbindung stehendes) Collegium für 12 Zöglinge errichtet werden.

Über Beides, den Weiterbau des Schulhauses und das Collegium Widmannenm, wird die nächste Jahresschrift eine ausführlichere Darlegung bringen.

3

B. Wichtigere hohe Verordnungen.

1. Im Falle des Ausbruches und des Umsichgreifens übertragbarer Krankheiten haben die Bestimmungen des Erlasses des h. k. k. L.-Sch.-R. vom 20. Februar 1874 Z. 456, betreffend die Verhinderung der Verbreitung der Blatternkrankheit, analoge Anwendung zu finden. Es sind daher Schüler und Lehrer aus inficierten Familien und Häusern zum Schulbesuche so lange nicht zuzulassen, als nicht eine ärztliche Erklärung beigebracht wird, dass die Ansteckungsgefahr beseitigt ist (h. k. k. L.-Sch.-R. ddo. 26. Jänner 1884, Z. 2536 ddo. 1883).

2. Der bisherige Modus der Aufnahme in die I. Classe (auf Grundlage des Ergebnisses der Aufnahmsprüfung und der Noten der Volksschul-Frequentationszeugnisse) ist auch ferner beizubehalten, jedoch mit folgenden Bestimmungen hinsichtlich der Vornahme der Aufnahmsprüfung: a) Die Prüfung aus der Religionslehre ist bloss mündlich, aus der Unterrichtssprache und dem Rechnen schriftlich und mündlich vorzunehmen. b) Von der Forderung der Bekanntschaft mit den Regeln der Interpunction und ihrer richtigen Anwendung beim Dictandoschreiben ist künftig abzusehen. c) Die Lehrkörper werden ermächtigt, die mündliche Prüfung aus der Unterrichtssprache und dem Rechnen jedem Schüler zu erlassen, welcher seine Reife in diesen Gegenständen bei der schriftlichen Prüfung durch mindestens befriedigende Leistungen und im Volksschulzeugnisse durch die Note gut dargethan hat. d) Ebenso können Schüler, deren Religionsnote aus dem 4. Schuljahre der Volksschule nicht geringer als gut ist, von der mündlichen Prüfung aus der Religionslehre befreit werden. e) Sind in einem Prüfungsgegenstande die Zeugnisnote und die Censur aus der schriftlichen Prüfung entschieden ungünstig, so ist der Schüler zur mündlichen Prüfung nicht zuzulassen, sondern als unreif zurückzuweisen (h. k. k. Minist. f. C. u. U. ddo. 27. Mai 1884, Z. 8019, intim. v. h. k. k. L.-Sch.-R. ddo. 7. Juni 1884, Z. 1259).

3. Durch die hohe Ministerial-Verordnung ddo. 26. Mai, 1884 Z. 10128 wurde ein neuer (revidierter) Lehrplan für die Gymnasien erlassen. Die wichtigsten Änderungen, die derselbe im Verhältnis zu dem bisher giltigen (freilich bei weitem nicht überall thatsächlich vollinhaltlich durchgeführten) Lehrplan enthält, sind: Auflassung des Unterrichtes aus dem Mittelhochdeutschen und aus der sphärischen Trigonometrie, partielle Verschiebung der Lehrstunden oder der Materien in der Geographie, Geschichte, Mathematik und den Naturwissenschaften, Beschränkung der lateinischen und griechischen Classikerlectüre auf ein geringeres (laut den Programmen ohnehin fast überall schon eingehaltenes) Ausmass, Vermehrung der Lehrstunden für Deutsch in der V. Classe um 1 und der Lehrstunden in der VI. Classe überhaupt um 1.

C. Lehrkörper und Fächervertheilung.

a. Veränderungen in Stand und Dienstverhältnissen.

1. Am Schlusse des vorigen Schuljahres schied der k. k. Professor Herr Ch. Hauser aus dem Lehrkörper. Ob seiner vielseitigen und gedie-

genen Kenntnisse, seiner guten Herzenseigenschaften und seines echt collegialen Verhaltens bleibt ihm bei allen, die ihn näher kennen zu lernen Gelegenheit hatten, ein gutes Andenken gewahrt. Zur suppletorischen Versehung der dadurch frei gewordenen Lehrstelle wurde der geprüfte Lehramtscandidat Herr Josef Bogner, früher Probecandidat am k. k. Gymnasium zu Hall, gewonnen. Derselbe trat am 15. September den Dienst an.

2. Nach dreijähriger Dienstzeit wurde Herr Karl Riedel im Lehramte bestätigt und ihm der Titel: k. k. Professor zuerkannt (h. k. k. L.-Sch.-R. ddo. 6. November 1883, Z. 2038).

3. Dem k. k. Professor Herrn A. Artl wurde der Bezug der 2. Quinquennalzulage vom 1. October 1883 an zuerkannt (h. k. k. L.-Sch.-R.- ddo. 5. November 1883, Z. 2116).

4. Dem k. k. Professor Herrn A. Dimter wurde die II. Quinquennalzulage mit dem Anfallstermine vom 1. Juli 1884 an bewilligt (h. k. k. Minist. f. C. u. U. ddo. 14. Juni 1884, Z. 2748.)

Anmerkung. Der bisherige Schulgeldercassier, Herr L. Wittling, trat in seiner Eigenschaft als k. k. Hauptsteuereinnehmer mit dem 1. Mai 1883 in den Ruhestand. Derselbe hatte bei der Einhebung des Schulgeldes oftmals Gelegenheit, seine echt humane Gesinnung zu bekunden; er spendete überdies jährlich der Anstalt wertvolle Prachtwerke und bewies sich auch sonst vielfach als warmen Freund der Anstalt und der studierenden Jugend. Für die wertvollen Spenden sprach ihm dieDirection über erbetene Ermächtigung des hohen k. k. Landesschulrathes (ddo. 2. Juli 1883, Z. 1299) im Namen hochdesselben die dankende Anerkennung aus. Die Direction wiederholt an dieser Stelle ihren Dank für die wertvollen Spenden und nicht minder für die bei der Einhebung des Schulgeldes stets bewiesene Humanität und wünscht dem um die Anstalt wohlverdienten Manne, dass er sein otium cum dignitate noch recht lange geniessen möge.

Als Schulgeldercassier wurde der nunmehrige k. k. Hauptsteuereinnehmer Herr J. Leitgeb bestellt (h. k. k. L.-Sch.-R. ddo. 2. Juli 1883, Z. 1299).

b. Nach den oben angegebenen Veränderungen war der Stand des Lehrkörpers unverändert folgender:

Jakob Rappold, k. k. Director, Besitzer der Kriegsmedaille und der Medaille für Tiroler Landesvertheidiger v. J. 1866; Ausschuss-Mitglied des Studenten-Unterstützungsvereines; lehrte Griechisch in der IV. und in der VII. Classe, 8 Stunden wöchentlich; Custos der Programmen-Sammlung, des archäologischen Museums und der Münzensammlung.

Augustin Dimter, k. k. Professor; lehrte Deutsch in der III., V. und VIII., Geographie in der I., Geographie und Geschichte in der III., philosophische Propädeutik in der VIII. Classe; 16 Stunden wöchentlich; Ordinarius der VIII. Classe; Custos der Schülerbibliothek.

Wilhelm Tief, k. k. Professor; lehrte Naturwissenschaft und Mathematik in der I., II. und III., Naturwissenschaft in der V. und VI. Classe, 19, im 2. Semester 20 Stunden wöchentlich; Custos der naturhistorischen Sammlungen.

Josef Koch, k. k. Professor, Weltpriester, Secretär des Studenten-Unterstützungsvereines; ertheilte den Religionsunterricht in allen Classen, 16 Stunden
wöchentlich; Exhortator der Anstalt
Anton Artel, k. k. Professor; lehrte Latein in der IV., Griechisch in der
VIII. Classe, Slovenisch als relativ-obligaten und nicht obligaten Gegenstand
in 2 Cursen à 2 Stunden, 15 Stunden wöchentlich; Ordinarius der IV. Classe.
Michael Knittl, k. k. Professor; lehrte Geographie und Geschichte in der
II., V., VII. und VIII., philosophische Propädentik in der VII. Classe,
16 Stunden wöchentlich; Ordinarius der VII. Classe.
Friedrich Rihl, k. k. Professor, Ökonom des Studenten-Unterstützungsvereines; lehrte Latein in der VI. u. VIII., Griechisch in der V. Classe,
16 Stunden wöchentlich; Ordinarius der V. Classe.
Karl Waldhäuser, k. k. Professor, lehrte Zeichnen in der I. bis IV. Classe
als obligaten und am O.-G. als nicht obligaten Gegenstand, Kalligraphie
in einer Abtheilung (I. u. II. Classe), Mathematik in der IV. Classe,
20 Stunden wöchentlich; Custos des Zeichensaales.
Karl Riedel, k. k. Professor: lehrte Latein und Deutsch in der II, Griechisch
in der VI. Classe, 17 Stunden wöchentlich; Ordinarius der II. Classe.
Anton Filipsky, k. k. Gymnasiallehrer; lehrte Latein in der III. u. VII.,
Griechisch in der III. Classe, 16 Stunden wöchentlich; Ordinarius der
III. Classe.
Johann Hammer, k. k. Gymnasiallehrer, Besitzer der Kriegsmedaille; lehrte
Mathematik in der V. bis VIII., Physik in der IV., VII. und VIII.
Classe, 21 Stunden wöchentlich; Custos des physikalischen Cabinetes.
Johann Staunig, k. k. Gymnasiallehrer, Ausschuss-Mitglied des Studenten-
Unterstützungsvereines; lehrte Geographie und Geschichte in der IV.
und VI., Deutsch in der IV., VI. und VII. Classe, 16 Stunden wöchentlich;
Ordinarius der VI. Classe; Custos der geographischen Lehrmittel und
der Lehrerbibliothek.
Josef Bogner, supplierender Gymnasiallehrer; lehrte Latein und Deutsch in
der I., Latein in der V. Classe; 18 Stunden wöchentlich; Ordinarius
der I. Classe.

Nebenlehrer:

Professor Artel, sieh oben, für Slovenisch.
Professor Rihl, sieh oben, geprüfter Lehrer der Stenographie, ertheilte den
Stenographieunterricht in einem (Anfänger-) Curse, 2 Stunden wöchentlich.
Professor Waldhäuser, sieh oben, lehrte Zeichnen für Ober-Gymnasiasten in
einem Curse, 2 Stunden wöchentlich.
Romuald Rinesch, Gymnasiallehramts-Candidat, approbiert für Gesang und
Violinspiel, ertheilte den Gesangsunterricht in vier Abtheilungen à 1
Stunde wöchentlich.
Severin Chambrez, geprüfter Turnlehrer, ertheilte den Turnunterricht in
3 Abtheilungen à 2 Stunden wöchentlich.
Johann Schmidt, evangelischer Pfarrer in St. Ruprecht am Moos, ertheilte
den 5 Schülern evangelischer (Augsburger-) Confession jeden Mittwoch
1½ Stunden lang Unterricht in der Religionslehre.

c. Die obligaten Lehrfächer nach wöchentlicher Stundenzahl und Vertheilung:

Classe	Religions-lehre	Deutsch	Latein	Griechisch	Geographie u. Geschichte	Mathematik	Naturwissen-schaft	Zeichnen	Philosoph. Propädeutik	Wöchentl. Stundenzahl	Classen-Vorstand
I.	Koch 2	Bogner 4	Bogner 8	.	Dimter 3	Tief 8	Tief 2	Waldhäuser 4	.	26	Bogner
II.	„	Riedel 4	Riedel 8	.	Knittl 4	Tief 8	Tief 2	Waldhäuser 4	.	27	Riedel
III.	„	Dimter 3	Filipsky 6	Filipsky 5	Dimter 3	Tief 3	Tief 2 / 2. Sem. 3	Waldhäuser 3	.	27 / 2. Sem. 28	Filipsky
IV.	„	Staunig 3	Artl 6	Rappold 4	Staunig 4	Waldhäuser 3	Hammer 3	Waldhäuser 3	.	28	Artl
V.	„	Dimter 2	Bogner 6	Rihl 5	Knittl 4	Hammer 4	Tief 2	.	.	25	Rihl
VI.	„	Staunig 3	Rihl 6	Riedel 5	Staunig 3	Hammer 3	Tief 2	.	.	24	Staunig
VII.	„	Staunig 3	Filipsky 5	Rappold 4	Knittl 3	Hammer 3	Hammer 3	.	Knittl 2	25	Knittl
VIII.	„	Dimter 3	Rihl 5	Artl 5	Knittl 3	Hammer 2	Hammer 3	.	Dimter 2	25	Dimter
Wöchentl. Stundenzahl	16	25	50	28	27	24	19 / 2. Sem. 20	14	4	207 / 2. Sem. 208	.

D. Durchführung des Lehrplanes im Schuljahre 1883/84.

(Die den Gegenständen beigefügten arabischen Ziffern bezeichnen die Zahl der wöchentlichen Lehrstunden.)

I. Classe.

Religionslehre: (2) Die Glaubens- und Sittenlehre der kath. Kirche.

Deutsche Sprache: (4) Der einfache Satz und der einfach zusammengesetzte Satz. Flexion des Verbum. Erklärung und event. Nacherzählung der gelesenen Stücke. Memorieren einzelner Stücke. Aufgaben nach Vorschrift.

Lateinische Sprache: (8) Die regelmässige Formenlehre mit entsprechenden Übungen im Übersetzen. Das Wichtigste von den Conjunctionen, Construction der Präpositionen. Memorieren der Vocabeln. Vom November an alle 8 Tage eine Schulaufgabe; im 2. Semester zuweilen eine Hausaufgabe.

Geographie: (3) Die Elemente der mathematischen, physischen und politischen Geographie der ganzen Erde. Kartenlesen, Tafelskizzen.

Mathematik: (3) Arithm.: Das Zahlensystem, die 4 Species mit dekadischen ein- und mehrnamigen Zahlen, Rechnungsvortheile; Mass und Vielfaches. Geometrie: Die Begriffe und wichtigsten Lehrsätze von den Linien und Winkeln.

Naturgeschichte: (2) Säugethiere, Gliederthiere, Würmer, Weich- und Strahlthiere. Anschauungsunterricht mit Anbahnung systematischer Begriffe.

Zeichnen: (4) Geometrische Formen und daraus entwickelte Flach-Ornamente, dargestellt mit freier Hand.

II. Classe.

Religionslehre: (2) Erklärung der heiligen Orte, Handlungen und Zeiten (Liturgik).

Deutsche Sprache: (4) Der zusammengesetzte Satz und die Periode, Satzverkürzung, Satzbilder, Formenlehre des Substantivs, Adiectivs und Pronomens. Lectüre wie in der I. Classe mit der Anforderung ausdrucksvolleren Lesens und bündiger, zum Theile auszugsweiser Wiedergabe des Inhaltes. Jeden Monat 3 schriftliche Aufgaben, abwechselnd Schul- und Hausaufgaben.

Lateinische Sprache: (8) Wiederholung der regelmässigen Formenlehre. mit Hinzunahme der Anomalien. Gebrauch der Präpositionen und Conjunctionen. Infinitiv- und Participialconstruction. Syntaktisches nach Massgabe des Übungsbuches. Memorieren der Vocabeln. Präparation. Wöchentlich eine Schulaufgabe, alle 14 Tage eine Hausaufgabe.

Geschichte: (2) Das Alterthum bis zum Beginne der Völkerwanderung.

Geographie: (2) Asien, Afrika und die südlichen Halbinseln Europas mit besonderer Rücksicht auf die alte Zeit. Kartenzeichnen.

Mathematik: (2) Arithm.: Gemeine Brüche, Verhältnisse, Proportionen, Zwei- und Dreisatzrechnung mit Percentrechnung. Geometrie: Umfang, Inhalt und Verwandlung geradliniger Figuren; pythagor. Lehrsatz; Ähnlichkeit der Dreiecke.

Naturgeschichte: (2) I. Semester. Die Vögel, Amphibien und Fische. II. Semester. Das Pflanzenreich. Anschauungsunterricht.

Zeichnen: (4) Einleitende Erklärung aus der Perspective an der Hand der betreffenden Apparate. — Linien, Winkel und Flächen in perspectivischer Auffassung nach Drahtmodellen. Daneben Ornamente mit vorherrschend krummen Linien geometrischer Grundform.

III. Classe.

Religionslehre: (2) Geschichte der göttlichen Offenbarung im alten Bunde.

Deutsche Sprache: (3) Die untergeordneten Sätze, entwickelt aus den Satzgliedern, eingeübt in Satzbildern. Wiederholung der Flexionslehre; der mehrfach zusammengesetzte Satz. Lectüre, Memorieren. Alle 14 Tage eine Schul- oder Hausaufgabe: Erzählungen und Beschreibungen.

Lateinische Sprache: (6) Gramm.: Die Casuslehre und Gebrauch der Präpositionen, eingeübt an den einschlägigen lateinisch-deutschen und deutsch-lateinischen Übersetzungs-Aufgaben. Lectüre: Chrestomathie nach Curtius und Corn. Nepos. Zwei- bis dreimal des Monates eine Schulcomposition, alle 14 Tage 1 Hausaufgabe.

Griechische Sprache: (5) Die regelmässige Formenlehre des Nomen, die Verba auf ω bis zum Perfectstamm. Die einschlägigen Übersetzungsbeispiele aus dem Elementarbuche. Präparieren der Vocabeln. Im I. Sem. 2, im II. 5 Schulaufgaben. Im I. Sem. alle 3, im II. Sem. alle 2 Wochen 1 Hausaufgabe.

Geschichte: (1) Das Mittelalter von der Völkerwanderung bis zur Entdeckung Amerikas.

Geographie: (2) Physische und politische Geographie von Mittel- und Nordeuropa (ohne Österreich), von Amerika und Australien. Kartenskizzen.

Mathematik: (3) Arithm.: Die 4 Species mit algebr. Zahlen, Potenzieren und Radicieren. Geometrie: Die Lehre von den krummlinigen Figuren.

Naturgeschichte: (2, im I. Sem.) Mineralogie.

Physik: (3, im II. Sem.) Allgemeine und besondere Eigenschaften der Körper; Wärmelehre. Grundbegriffe der Chemie.

Zeichnen: (3) Darstellung geometr. Körper nach Holzmodellen mit Schattengebung. Fortgesetztes Zeichnen von z. T. polychromen Flach-Ornamenten; das Wichtigste aus der Farbenlehre.

IV. Classe.

Religionslehre: (2) Geschichte der göttlichen Offenbarung im neuen Bunde; kurzer Abriss der Kirchengeschichte.

Deutsche Sprache: (3) Mehrfach zusammengesetzte Satzgefüge und Satzverbindungen, Satzschemen. Die Periode. Lectüre mit sprachlichen und sachlichen Erklärungen. Übungen im Schönvortrage. Das Wesentlichste über Tropen und Figuren. Grundzüge der Metrik. Hauptarten der Dichtung. — Schriftliche Aufsätze (alle 14 Tage eine Hausaufgabe und jede Conferenzperiode eine Schularbeit) mit gesteigerten Anforderungen hinsichtlich des Inhaltes und der Form; Brief- und Geschäftsstil.

Lateinische Sprache: (6) Gramm.: Die Lehre von den Tempora und Modi. Gebrauch der Particip., des Gerund. und Sup. (wöchentlich 2 Stunden). Das Wichtigste von der Prosodie und Metrik, insbesondere Hexameter und Pentameter. Lectüre: Caesar d. b. Gall. I., II., VI., 9—29. Ausgewählte Partien aus Ovid. Alle 14 Tage bis 3 Wochen 1 Schulaufgabe; Hausaufgaben im Anschlusse an Rožek.

Griechische Sprache: (4) Starkes und schwaches Perfect, der Passivstamm. Die Verba auf μι und die 4 Classen der sogen. unregelmässigen Verba. Übersetzungsbeispiele aus dem Übungsbuche. Die wichtigsten Punkte aus der Modus- und Tempuslehre. 14 Schularbeiten, meist halbstündige. Alle 2—3 Wochen eine Hausarbeit.

Geschichte: (4) Geschichte der Neuzeit von der Reformation bis 1866. Geschichte und Geographie nebst Statistik der österr.-ungar. Monarchie.

Mathematik: (3) Arithm.: Wiederholung der 4 Species mit algebr. Zahlen, des Potenzierens und Radicierens. Zusammengesetzte Verhältnisrechnungen, Gleichungen mit 1 und 2 Unbekannten, eingeübt an zahlreichen Beispielen. Geometrie: Wiederholung der Kreislehre. Stereometrische Anschauungslehre, Oberflächen- und Inhaltsberechnung der eckigen und runden Körper.

Physik: (3) Mechanik, Elektricitätslehre; Akustik, Optik und strahlende Wärme.

Zeichnen: (3) Geometrische Körper in Combinationen und Gruppen, mit Licht und Schatten; Ornamente nach Gipsmodellen. Ausführung mit Bleistift, Kreide oder Farbe. Das Wichtigste von den Kunststilen in erklärenden Bemerkungen.

V. Classe.

Religionslehre: (2) Apologetik der Offenbarung und der kathol. Kirche.

Deutsche Sprache: (2) Die Lehre von den Arten und Formen der poetischen und prosaischen Darstellung im Anschlusse an die Lectüre von Musterstücken der deutschen Literatur.

Zur schriftlichen Bearbeitung wurden folgende Themen gegeben:

1. Betrachtungen am Beginne des Schuljahres. (H. A)
2. Welche Veränderungen nehmen wir beim Wechsel der Jahreszeiten an den Obstbäumen wahr? (Sch. A.)
3. Ströme sind Culturadern der Erde. (H. A.)
4. Die Nibelungen im Hunnenlande. (Sch. A.)
5. Phönicien, der Mittelpunkt des Welthandels im Alterthume. (H. A.)
6. Das Leben in Sparta nach den Einrichtungen des Lykurgos. (H. A.)
7. Inwiefern ist der Pfarrer in Hermann und Dorothea der Gebildete? (Sch. A.)
8. Tages Arbeit, abends Gäste,
   Saure Wochen, frohe Feste ist zu erklären. (Sch. A.)
9. Was gewinnen wir für die Kenntnis des antiken Lebens aus Schillers Ballade: Die Kraniche des Ibykus? (Im Anschlusse an die Lectüre.) (Sch. A.)
10. . . . . . Ingenuas didicisse fideliter artes
    Emollit mores nec sinit esse feros. (H. A)
11. Aurora Musis amica. (Sch. A)
12. Gedankengang in Anastasius Grün's Hymne an Österreich. (Im Anschlusse an die Lectüre.) (H. A.)
13. Die Einrichtung eines römischen Hauses. (Im Anschlusse an Schillers Pompeji und Herculanum.) (Sch. A)
14. Welche Momente in der griechischen Geschichte sind am geeignetsten gewesen, die Vaterlandsliebe der Griechen wach zu rufen? (Sch. A)
15. Welche Verdienste erwarb sich Themistokles um sein Vaterland? (Sch. A.)

Lateinische Sprache: (6) Lectüre: Liv. lib. I. XXII, 1—40. Ovid. Trist. I 3. IV 10. Amor. I. 15. Fast. II, 195—242. 687—710. IV 419- 618. Metam. I 89—415. II. 1—366. XI 1—193. Gramm.: die Congruenz- und Casuslehre. Berger, Stilistik: das Substantiv, Adjectiv und Pronomen mit den betreffenden schriftlichen Übersetzungsstücken. Alle 2—3 Wochen eine Schularbeit.

Griechische Sprache: (5) Lectüre: Chrestomathie aus Xenophon, Kyrop. I II. Anab. I. II. III. Homers Ilias I. Memorieren ausgewählter Abschnitte. Gramm.: Subject, Prädicat, Attribut und Apposition, Numerus und Genus. Artikel. Nominativ, Vocativ, Accusativ, Genetiv, Dativ, Präpositionen. Tempus- und Moduslehre nach Maasgabe der Lectüre. Monatlich 1 Schulaufgabe und 1 Hausarbeit.

Geschichte und Geographie: (4) Geschichte des Alterthums bis Augustus. Jedem Abschnitte wurde eine geographische Übersicht des betreffenden historischen Schauplatzes vorausgeschickt. Kartenzeichnen in der Schule (Tafel) und zu Hause.

Mathematik: (4) Arithm.: Vollständige Lehre von den 4 Grundrechnungen mit ganzen Zahlen und gemeinen Brüchen. Das dekadische Zahlensystem und die Decimalbrüche Theorie der Verhältnisse und Proportionen. Geometrie: Die Planimetrie.

Naturgeschichte: (2) I. Sem. Mineralogie: Krystallographie und Beschreibung der wichtigsten Arten inclus. chem. Zusammensetzung. II. Sem.: Botanik: Organographie, Systematik und Beschreibung der wichtigsten Pflanzen.

VI. Classe.

Religionslehre: (2) Die besondere kathol Dogmatik.

Deutsche Sprache: (3) Literatur der ältesten Zeit bis inclus. 16. Jahrhundert; einschlagende Lectüre nach Egger's Lesebuche II. 1., Einführung in die Grammatik und Lectüre des Mittelhochdeutschen nach Reichel's mhd. Lesebuche. Memorieren und Vortrag ausgewählter Stücke aus der Lectüre; jede Conferenzperiode eine oder zwei Hausarbeiten und eine Schularbeit.

Zur schriftlichen Bearbeitung wurden folgende Themen gegben:

1. Umsturzplane gegen die sullanische Staatsverfassung. (H. A)
2. Die Nacht ist keines Menschen Freund. (Sch. A.)
3. Ursachen für den Verfall des römischen Reiches. (H. A.)
4. Der Segen der Arbeit. (Sch. A)
5. „Nur Beharrung führt zum Ziele." (Sch. A.)
6. Bildung deutscher Staaten auf Römerboden. (H. A)
7. Zustände Roms zur Zeit des jugurthinischen Krieges. (Nach Sallust). (Sch. A.)
8. Karl der Grosse, Caesar und Alexander der Grosse. (Vergleich). (Sch. A.)
9. Hagen. (Charakteristik nach dem Nibelungenliede). (Sch. A.)
10. Inwiefern lassen sich die deutschen Volksepen mit den griechischen vergleichen? (Sch. A.)
11. Inhalt des Volksepos „Gudrun." (Sch. A.)
12. Folgen der Kreuzzüge. (H. A.)
13. Welche Verhältnisse bewirkten die erste Blütezeit deutscher Literatur? (Sch. A.)
14. Was lobt und tadelt Gottfried v. Strassburg an seinen literarischen Zeitgenossen? (H. A.)
15. Der Kampf ums Dasein im Natur- und Menschenleben. (Sch. A.)
16. Welche Gedanken und Gefühle bewegten Walters v. V. Seele, als er die Elegie „Owë war sint verswunden etc." dichtete? (H. A.)
17. Die Zeiten ändern sich, mit ihnen die Menschen. (Sch. A.)

Lateinische Sprache: (6) Lectüre: Sallusts Jugurtha; Vergilii Bucol. I. u. V. Georg II. v. 136—176 u. 458—540. Aeneis I. Memorieren ausgewählter Abschnitte. Ciceros Rede in Catilinam I. Grammat.-stilistische Übungen: wöchentlich eine Stunde. Alle 4 Wochen eine Schularbeit; alle 2 Wochen 1 Hausarbeit.

Griechische Sprache: (5) Lectüre: Homers Ilias. IX., XVI, XVIII. Memorieren. Herodot: VIII. Grammatik: Wiederholung der Flexion des Verbum, die Präpositionen und das Verbum (Genera, Tempora, Modi bis incl. Particip) mit den entsprechenden Übungen (9—37) des Elementarbuches von Schenkl. Monatlich eine Schulaufgabe, alle 3 Wochen eine Hausaufgabe.

Geschichte und Geographie: (3) Die römische Geschichte von Sullas Dictatur bis zum Untergange des weströmischen Reiches; die Völkerwanderung; Geschichte des Mittelalters mit besonderer Hervorhebung der österreichischen Geschichte und mit Berücksichtigung der Culturgeschichte. Stete Berücksichtigung der mit der Geschichte zusammenhängenden geographischen Daten. Tafelskizzen.

Mathematik: (3) Arithmetik: Vollständige Lehre über Potenzen und Wurzeln; irrationale und imaginäre Zahlen, Logarithmen, Gleichungen des 1. Grades mit einer und mehreren Unbekannten. Geometrie: Stereometrie; Trigonometrie bis zur Auflösung schiefwinkliger Dreiecke.

Naturgeschichte: (2) Zoologie: Anatomie. Physiologie und Systematik.

VII. Classe.

Religionslehre: (2) Die katholische Moral.

Deutsche Sprache: (3) Deutsche Literatur vom Beginne des XVII. Ihdts bis Goethes Tod. Lectüre ausgewählter Stücke aus Egger II, 1 und Lessings Nathan der Weise. Goethes Torquato Tasso und Schillers Wilhelm Tell auf Grund häuslicher Lectüre besprochen.

Zur schriftlichen Bearbeitung wurden folgende Themen gegeben:

1. Meine Ferien. (Sch. A.)
2. Entzwei' und gebiete! Tüchtig Wort; Verein' und leite! Bess'rer Hort. (Goethe). (H. A.)
3. Was lehrt uns die Natur? (Sch. A.)
4. Was Europa und Amerika gegenseitig voraus haben. (H. A.)
5. Die Vegetationsformen auf der Erdoberfläche. (H. A.)
6. Gang der Reformation in Deutschland und England. (Sch. A.)
7. Wie beweist Cicero die besondere Eignung des Cn. Pompejus für das Imperium im dritten mithridatischen Kriege? (Sch. A.)
8. Inwiefern und warum ist die plastische Darstellung der Laocoon-Gruppe verschieden von der Darstellung bei Vergil? (H. A.)
9. Worin besteht der Wert des Theaters? (Sch. A.)
10. Warum heisst Peter 1. von Russland der Grosse? (H. A.)
11. Was erreichte Demosthenes durch seine politische Thätigkeit? (H. A.)
12. Die Vertreter des Christenthums in Lessings „Nathan." (Charakteristik). (Sch. A.)
13. Der poëtische Reiz des Wassers. (Sch. A.)
14. Goethe und Schiller in drei Momenten ihres Zusammenseins geschildert. (H. A.)
15. Die Einheit der Handlung in Schillers „Tell". (Sch. A.)

Lateinische Sprache: (5) Lectüre: Ciceros Rede in Catilinam III.; de imp. Cn. Pompei; pro Ligario (als Privatlectüre.) Vergils Aeneide III., VI., XII 1—400 Privatlectüre.) Wiederholender grammat. Unterricht und stilistische Übungen: aus Süpfle II. Theil 30 Stücke. Im I. Sem. 9, im II. 6 Schulaufgaben.

Griechische Sprache: (4) Lectüre: Demosthenes I. olynth. und III. philipp. Rede und Rede über den Frieden. Homers Odyssee I. XI. XII. XVI. Grammatik im Anschlusse an die Lectüre.

Geographie und Geschichte: (3) Geschichte der Neuzeit von den Entdeckungsreisen bis zur Gegenwart mit besonderer Rücksicht auf die Entwicklung des habsburgischen Staates.

Mathematik: (3) A r i t h m e t i k: Fortsetzung der Lehre von den Gleichungen; Progressionen, Combinationslehre, Binomialsatz. G e o m e t r i e: Trigonometrische Auflösung der Dreiecke. Analytische Geometrie.

Physik: (3) Allgemeine Eigenschaften der Körper; Chemie, Mechanik, Wellenlehre.

Philosophische Propädeutik: (2) Die formale Logik und ihre Beziehungen zur Wissenschaft.

VIII. Classe.

Religionslehre: (2) Geschichte der kathol. Kirche bis 1848.

Deutsche Sprache: (3) Die Literatur des 19. Jahrhunderts mit besonderer Berücksichtigung der österr. Schriftsteller. Lectüre und Erklärung nach Eggers Lesebuche II. 2, Grillparzers goldenes Vlies sowie eine Auswahl aus den Gedichten Lenaus. Aufgaben wie in der VI Classe. Vortrag selbstgewählter Gedichte.

Zur schriftlichen Bearbeitung wurden folgende Themen gegeben:

1. Welche Verdienste erwarb sich Iphigenie um Tauris? (H. A.)
2. Unter welchem Einflusse stand Schillers Bildungsgang? (Sch. A.)
3. Charakteristik der deutschen Frauen nach Schillers „Glocke" und „Würde der Frauen". (H. A)
4. Entwicklung des deutschen Dramas bis Hans Sachs (Sch. A.)
5. Die Herrschertugenden der Kaiserin Maria Theresia. (H. A.)
6. Das Wasser im Dienste des Menschen. (Sch. A.)
7. Welchen Umständen ist es zuzuschreiben, dass die nordamerikanischen Colonien einen so schnellen Aufschwung nahmen? (H. A.)
8. Welche Folgen hatte die Erfindung der Buchdruckerkunst? (Sch. A.)
9. Die Donau eine historische Weltstrasse nach dem Osten. (H. A.)
10. Welche Freuden schafft uns die Phantasie? (Sch. A.)
11. Inwiefern bewährt sich Ludwig Uhland in seinen Gedichten als vaterländischen Dichter? (H. A)
12. Der wahre Geist eines Volkes zeigt sich erst in Zeiten der Noth und Gefahr. (Sch. A.)
13. Die Welt ist eine Schaubühne. (H. A)
14. Österreichs grösster Dichter. (Sch. A.)
15. Das Grab ist ein auf der Grenze zweier Welten errichtetes Denkmal. (H. A.)

Lateinische Sprache: (5) Lectüre: Tacitus Germania (allgem. Theil) Annal. I. c. 1—10; 55—76; II. c. 5—26; III. c. 1—19; IV. c. 4—10. Horaz: Carm. I. 1—4, 7, 10--12, 14, 17, 22, 24, 28, 31—32, 34—35, 38; II. 1. 2. 3.; III. 3. IV. 15. Epod. 2. 7. 13 ; Epist I. 2. 16.; Sat. I. 9. II. 6. Memorieren einiger Gedichte. Wiederholender g r a m m a t. Unterricht und stilistische Übungen: wöchentlich 1 Stunde. Alle 4 Wochen 1 Schulaufgabe; alle 14 Tage 1 Hausaufgabe.

Griechische Sprache: (5) Lectüre: Platons Apologie und Protagoras. Cursorisch Kriton. Sophokles' Aias. Hom. Od. IV. VI XIX. Grammatik: Wiederholung der Syntax. Monatlich 1 Schul- oder Hausarbeit.

Geschichte und Geographie: (3) Gesch. der österr.-ungar. Monarchie mit ihren Beziehungen zu den Nachbarländern; Skizze des äusseren Anwachsens und der inneren Entwicklung derselben. Eingehende Darstellung der geographischen, statistischen und politischen Verhältnisse der Monarchie.

Mathematik: (2) Wiederholung der Arithmetik und der Algebra, der Geometrie, Trigonometrie und Analysis. Lösung von Aufgaben.

Physik: (3) Akustik, Wärmelehre, Magnetismus, Elektricität, Optik, Wiederholung.

Philosophische Propädeutik: (2) Empirische Psychologie als inductive Wissenschaft.

Nebengegenstände:

Kalligraphie: (1) 2 Abtheilungen in 1 Curse; 1. Abtheilung (relativobligat für Schüler der I. und II. Classe) deutsche und lateinische Currentschrift; 1I. Abtheilung (Freifach) Rondschrift

Slovenische Sprache: I. Curs (2) Die Formenlehre mit der 1. Abtheilung bis zum Zeitwort durchgenommen, mit der 2. Abtheilung vollendet. II. Curs (2): Die Casuslehre; Präpositionen Lectüre. Erklärung und Vortrag einiger Gedichte. Einzelnes aus der Literaturgeschichte. Alle 3 Wochen 1 Schul- oder Hausaufgabe

Zeichnen für Schüler des OG. (2): Figurelles Zeichnen nach Gipsmodellen.

Stenographie I. Abtheilung (2) Nach einer Einleitung über das Wesen der Stenographie, das Verhältnis der Laute, ihre schriftbildliche Gestaltung, die Andeutung der Vocale, die Orthographie wurde die Wortbildungslehre behandelt und das Wichtigste aus der Wortkürzung genommen. (Der Unterricht begann am 15. December.)

Gesang: (4) Elementarunterricht: die musikalischen Zeichen. Takte, Intervalle, Tonarten, Drei- und Vierklänge. Einübung vierstimmiger Lieder für gemischten und Männerchor mit den nötbigen theoretischen Belehrungen; die lateinischen Messen von Bauer, Pichler und Schweitzer.

Turnen. I. Abtheilung (2): Ordnungsübungen. Durchbildung der Reihe und grösserer Gliederungen derselben im Reihenkörper — Richtung, Fühlung, Stellungswechsel durch $\frac{1}{4}$- und $\frac{1}{2}$- Drehungen; Schwenkungen um gleichnamige Flügel Gehen im Takt und mit Gleichtritt. $\frac{1}{4}$- und $\frac{1}{2}$- Drehungen während des Gehens. Öffnen und schliessen der Reihen und Rotten. Verschiedene Aufmärsche zu den Freiübungen.

Freiübungen. Einfache Bewegungen der Glieder und Gelenke im Stehen. Gehen, Hüpfen am und vom Ort.

Geräthübungen. Einfache Übungen an den Hanggeräthen als: Klettern an ntter Stange, dann am Tau. Übungen an der wagrechten, schiefen Leiter und Reck mit Zuordnung von Beinthätigkeiten. Vorübungen am Barren. Freisprung hoch und weit mit und ohne Anlauf. Abstoss rechts und links. Sturmbrett. Stemmen einer eisernen Reckstange je nach den Kräften der Schüler einzeln, zu zweien oder dreien

II. Abtheilung (2): Ordnungsübungen. Reihungen in Reihenkörper. Drehungen und Reihungen in Verbindung. Schwenkungen nm gleich- und ungleichnamige Flügel. Aufmärsche zu den Freiübungen. Ausbildung des Einzelnen im Gliede nach dem Exercier-Reglement für k. k Fusstruppen als: Stellung, Wendungen des Kopfes und Körpers, Bewegung vor-, seit- und rückwärts. Richtung.

Freiübungen. Einfache und zusammengesetzte Bewegungen der unteren und oberen Gliedmassen in Verbindung. Rumpfbewegungen.

Geräthübungen. Fortsetzung der Übungen an den verschiedenen Hanggeräthen Auf dieser Stufe wurden auch mehr die Übungen im Stütz berücksichtigt. Freisprung hoch und weit auch über 2 Schnüre. Sturmbrett. Vorübungen zum Hocksprung. Stemmen einer eisernen Reckstange.

III. Abtheilung (2) Ordnungsübungen. Auf dieser Stufe wurden die Ordnungsübungen nur insoferne berücksichtigt, als es zu den schwierigeren Aufmärschen für Freiübungen nothwendig erscheint; dafür wurde die Ausbildung im Zuge nach dem Exercier-Reglement für k. k. Fusstruppen vorgenommen als: Aufstellung und Eintheilung des Zuges. Formierung der Reihen und Doppelreihen, Bewegung und Veränderung derselben. Entwicklung aus Reihen und Doppelreihen.

Freiübungen. Mannigfaltige Wechsel, Zusammensetzungen und Folgen von Übungen. Eisenstab und Hantelübungen.

Geräthübungen Schwierigere Übungen im Klettern an der wagrechten und schiefen Leiter. Hang-, Stemm- und Schwungübungen am Reck-Stützübungen am Barren, die grössere Kraft, Muth und Ausdauer voran setzen. Reck, Barrensprünge. Freisprung hoch und weit auch über 2 Schnüre mit allmählich gesteigertem Abstande. Sturmspringen hoch und weit über eine vorgespannte Schnur. Bock, Pferd, Ringspringen. Stemmen von Gewichten von 10 bis zu 40 Kilo.

E. Übersicht der im Schuljahre 1883/84 gebrauchten Lehrbücher.

(Die römischen Ziffern bezeichnen die Schulclassen.)

Religionslehre:

Leinkauf J. katholische Glaubens- und Sittenlehre. (Wien, Kirsch) I.
Fischer F. Lehrbuch der katholischen Liturgie. Wien, Mayer & Comp.). II.
Barthel-Wanjura C. biblische Geschichte (Leipzig, Leuckart). III., IV.
Frind A. katholische Apologetik (Prag, Tempsky). V.
Martin K. Lehrbuch der katholischen Religion. Mainz. 2. Theil. VI., VII.
Kaltner B. Kirchengeschichte (Prag, Tempsky). VIII.

Deutsche Sprache:

Willomitzer. Lehrbuch der deutschen Sprache (Wien, Hölder). I. II., III. IV.
Egger A. deutsches Lesebuch für die I. II., III. IV. Classe der österreichischen Mittelschulen (Wien, Hölder). I.- IV.
Egger A. deutsches Lehr- und Lesebuch für höhere Lehranstalten (Wien, Hölder). V. (1. Band), VI., VII. (2, 1. Band), VIII. (2, 2. Band).
Reichel K. mittelhochdeutsches Lesebuch (Wien, Gerold). VI.

Lateinische Sprache:

Schultz F. kleine lateinische Sprachlehre (Paderborn, Schöning.) I.
Schmidt K. lateinische Schulgrammatik (Wien, Hölder). II.—VIII.
Hauler J. lateinisches Übungsbuch für die I. und II. Classe der Gymnasien (Wien, Bermann). I , II.
Rožek J. latein Übungsbuch für die Casuslehre (Wien, Gerold). III.
„   „   „   zur Tempus- und Moduslehre (Wien, Gerold). IV.

Berger E. stilistische Vorübungen (Coburg, Karlowa). V., VI.
Schmidt K. & Gehlen O. Memorabilia Alexandri M. etc. (Wien, Höl·ler). III.
Caesaris comm. d. b. G. ed E. Hoffmann (Wien, Gerold). IV.
Livii ab urbe cond. 1. p. sel ed. Grysar. 1. 2. (Wien, Gerold). V.
Ovidii Nasonis carmina sel. ed. Grysar (Wien, Gerold). IV. V.
Süpfle K. F. Aufgaben zu lateinischen Stilübungen. (Karlsruhe, Gross).
   2. Theil. VII. VIII.
Sallustius ed. Linker VI.
Virgilii Aeneid. epit ed. E. Hoffmann (Wien, Gerold). VI. VII.
Ciceronis orationes selectae XXI. von R Klotz VI. VII.
Taciti Germania und An. ed. Halm oder Capellmann.
Horatius ed. Linkerus (Wien, Gerold). VIII.

Griechische Sprache.

Curtius G. griechische Schulgrammatik (Prag, Tempsky). VII —VIII.
Schenkl K. griechisches Elementarbuch (Prag, Tempsky) III.—VI.
   „   Übungsbuch zum Übersetzen (Prag, Tempsky) VII., VIII
   „   Chrestomathie aus Xenophon. (Wien, Gerold). V., VI.
Homeri Iliad. epitom ed. Hochegger 1. 2. (Wien, Gerold). V. VI.
   „   Odysseae epitom. ed. Pauly. (Prag, Tempsky). VII. VIII.
Herodoti hist. d. b. P.. epit. ed. A. Wilhelm. (Wien, Gerold). VI.
Demosthenes: 10 Reden. Von Dr. Fr. Pauly. VII.
Sophokles Aias von Nauck. VIII.
Plato Apologie und Kriton von Ludwig (Wien, Gerold). VIII.
   „   Protagoras ed. Teubner. VIII.
Schenkl K. griechisch-deutsches Schulwörterbuch. (Wien, Gerold). V.—VIII.

Slovenische Sprache.

Sket J. slov. Sprach- und Übungsbuch (Klagenfurt, Hermagoras Verlag).
Janežič. slovenska slovnica.
   „   Cvetnik slovenske slovesnosti.

Geschichte und Geographie.

Hannak E. Lehrbuch der Geschichte: 1. des Alterthums, 2. des Mittelalters,
   3. der Neuzeit. (Wien, Hölder), II.—IV.
Pütz W. Grundriss der Geographie und Geschichte für obere Classen I. Band,
   das Alterthum. (Coblenz. Bädecker). V. VI.
Gindely A. Lehrbuch der allgemeinen Geschichte für obere Classen. (Prag
   Tempsky). 2. Band, das Mittelalter. VI. 3. Band. die Neuzeit. VII.
Herr G. Lehrbuch der vergleichenden Erdbeschreibung. (Wien, Sallmayr).
   1. Theil. I. 2. Theil II. III.
Hannak E. österreichische Vaterlandskunde für mittlere (IV.) und höhere
   Classen (VIII.) (Wien, Hölder).
Kozenn B. geogr. Schulatlas in 38 Karten (Wien, Hölzel) II. III.
Trampler A. Mittelschul-Atlas. Grosse Ausgabe (Wien) I. IV. VIII.
Jausz G. historisch-geographischer Schulatlas (Wien Hölzel). III.—IV.
Kiepert H. „Atlas antiquus" in 12 Karten (Berlin, Reimer). VI.--VIII.
Putzger F. W. Historischer Schulatlas (Wien), II. V.

Mathematik.

Močnik Fr. Lehrbuch der Arithmetik für UG. (Wien, Gerold). I. Abtheilung
   I. II. 2. Abtheilung III. IV.
   „   geom. Anschauungslehre für UG. (Wien, Gerold) 1. Abtheilung
   I., II. 2. Abtheilung III., IV.
Frischauf J. Lehrbuch der allgemeinen Arithmetik. (Graz, Leuschner und
   Lub) V.—VIII.
Wittstein Th. Planimetrie, Stereometrie und Trigonometrie, (Hannover,
   Habn). V. VI. VII.
Frischauf. Analytische Geometrie VII. VIII.
Adam V. kleine Logarithmen (Brünn, Winiker). VI.—VIII.

Physik und Chemie

Krist J. Anfangsgründe der Naturlehre. (Wien, Braumüller). III. IV.
Handl A. Lehrbuch der Physik. (Wien, Hölder). VII. VIII.

Naturgeschichte.

Pokorny A. illustrierte Naturgeschichte, 1. des Thierreiches, 2. des Pflanzen-
   reiches, 3. des Mineralreiches (Prag, Tempsky). I II. III.
Woldrich J. Lehrbuch der Zoologie. Wien, Hölder). VI.
Wretschko M. Vorschule der Botanik. (Wien, Hölder) V.
Standfest F. Leitfaden für den minerologischen Unterricht (Graz Leuschner). V.

Philosophische Propädentik.

Drbal M. propäd. Logik. (Wien, Braumüller). VII.
Lindner G. Lehrbuch der empir. Psychologie. (Wien, Gerold). VIII.

F. Schüler nebst Classification.

a. Alphabetisches Namensverzeichnis der Schüler am Schlusse des Schuljahres.

(Die Namen der vorzüglichen Schüler sind durch gesperrte Schrift ausgezeichnet. Die beigesetzten
Zahlen geben die Beiträge an, welche die Schüler für den Studenten-Unterstützungs-Verein gespendet haben.)

I. Classe.

Andrae Johann aus Mellweg . .	— —	
Billiczich Karl a. Klagenfurt	— 45	
Boser Paul aus Graz in Steierm.	— 20	
Bruckmann Anton aus Spital .	— 50	
Clement Karl aus Spital . . .	— 30	
Eder Peter aus Kirchbach . . .	— 10	
Eller Franz aus Maria Gail . .	— 20	
Feistritzer Joh. a. St. Ruprecht a. M.	— 10	
Feuerlöscher Sigmund aus Wien		
in Nieder-Österreich	— 40	
Fischa Max aus St. Georgen am		
Längsee	— —	
Uhun Karl aus Villach	1 —	
Grom Alois aus Arnoldstein . .	— —	
Haas Franz aus Wimitz	— —	
Hauzendorfer Hermann a. Villach	— —	
Hügn Julius a. Eisenerz in Steierm.	— —	
Horák Eugen a.Gyékényes inUngarn	2 —	
Hriberaik Matthäus aus St. Jakob		
im Rosenthale	— 20	

Huber Joh. aus Gassen bei Afritz 1 —
Janetcka Julius aus St. Valentin
in Ober-Österreich . . . . . — —
Karner Franz aus Villach . . . — 20
Knaflic Karl aus Kühnsdorf . . — 20
Koss Eduard aus Villach . . . — —
Lagler Oswald a. Wien in Nieder-
Österreich . . . . — —
Laassnig Friedrich a. Cilli i. Steierm. — —
L i m p e l V a l e n t i n a. Vorder-
berg . . . . — —
Luxa Karl aus Graz in Steierm. — —
Marin Bronislaus aus Kwasniów in
Russisch-Polen . . . . . . — 45
Marko Franz aus Graz in Steierm. — —
Martinschitz Thomas aus Treffen — 10
M i t s c h e J o s e f aus Paternion — —
Moritz Karl aus Eisentratten . . 1 —
Moser Anton aus Klagenfurt . . — —

Mühlbauer Victor aus Erdwegen
in Steiermark . . . . — —
Niemetz Josef aus Wald in Steierm. — —
Pascolotti Rudolf aus Unt. Fellach — 50
Pegritz August aus Mittewald . — —
Perscha Ludwig aus Bleiberg . — —
Pipp Valentin aus Vorderberg . 2 —
Pippan Rudolf aus Arnoldstein . — —
Pucher Hugo aus Rosegg . . . 1 —
Riedel Karl aus Znaim in Mähren — —
Schmoli Friedr. a. Bleiberg-Kreuth — 50
S i g e l A l f r e d aus Graz in
Steiermark . . . . — —
T r u n k G e o r g aus Faak . . — —
Tusch Robert aus Kranzelhofen . — 10
Wundsam Franz aus Villach . . — —
Schrott, Ritter v., Alfons a. Colberg
in Preussen (Privatist) . . . — —
dazu von 2 ausgetretenen Schülern 1 30
Summa 13 80

II. Classe.

Achleitner Richard a. Feldkirchen — 10
Aichholzer Thomas aus Egg . . — 10
Bodirski Alois aus Tarvis . . . 3 —
Böckl Karl aus Seisenberg i. Krain — —
Cernut Johann aus Latschach . — —
Dorn Anton aus Perg in Ober-
Österreich . . . . — 30
Gallob Albert aus Feldkirchen . — —
Grubbauer Rudolf aus Ottakring
in Nieder-Österreich . . . . . — 20
Haas Ernst aus Freibach . . . 1 —
Hassler Franz aus Feistritz a. D. — 50
Kapeller Peter aus Paternion . — 10
Kaufmann Josef aus Rangersdorf — —
K l u p p e r P a u l aus Föderlach — —
K ö n i g A n t o n aus Traunstein
in Ober-Österreich . . . . . — 80
Kollar Franz aus Molzbichl . . — 10
Kollaritsch Emil aus Paternion . — —
Koutnik Johann aus Krainburg
in Krain . . . . — —
Liegel Eduard aus Villach . . . — —
Loipold Hermann aus Flattach . — 50

Maier Johann aus Velden . — —
Majer Josef aus Lisko in Galizien 1 40
Makuc Edmund aus Kremnitz in
Ungarn . . . . — 50
Maruschitz Philipp aus Villach . — 50
Mischitz Josef aus Villach . . . 1 —
Mühlbauer Heinrich aus Kirchberg
in Nieder-Österreich . . . . . — —
Mühlböck Johann aus Feld . . — —
Nagele Matthäus aus St.Jacob im
Rosenthale . . . . — —
Plaichinger Max aus St. Leonhard
im Lavantthale . . . . 1 —
Rahl Johann aus Villach . . . 2 —
Schneider Karl aus Leoben in
Steiermark . . . . — — .
Sedei Johann aus Ottelza Doll im
Küstenlande . . . . — —
Sigel Stephan aus Graz in Steierm. — —
Tscherne Franz aus Villach . . — —
Winkler Franz aus Klagenfurt . — —
Z w i t t e r M a r t i n a. Dreolach — 10
Summa 12 80

III. Classe.

Aigner Eduard aus Spital . . 1 —
Fenkl Alois aus Marburg in
Steiermark . . . . — —
Ferweger Leopold aus Hermagor 1 —
Ghon Richard aus Villach (frei-
williger Repetent) . . . . . — —
Hauser Victor aus Villach . . — 50
Hebein Kaspar a. St. Paul a. d. Gail — —
Kopecky Paul aus Treibach . . 2 10
Leber Peter aus St. Ruprecht a. M. — —
Mang Adolf aus Lodrone in Tirol — —
Martinez, Freiherr v., Franz aus
Neuberg in Steiermark . . . 2 —

Oschgan Paul aus St. Paul . . . — —
Pichler Josef aus Spital . . . . 2 —
Prunner Frans aus Gmünd . . 1 —
Reininger Karl aus Laase in Krain — —
Schneider Wilhelm aus Villach . — —
Sedlák Frans aus Wien in Nieder-
Österreich . . . . — —
Sturm Anton aus Kaltschach . . — 60
Weber Josef aus Ober-Döbling in
Nieder-Österreich . . . . . . — 30
Werginz Albert aus Tarvis . . 1 —
Woschitz Frans aus Latschach . — 90
Summa 12 40

IV. Classe.

Aichlburg, Baron von, Josef aus
Villach . . . . 2 —
Eisenhut Alfred aus Klagenfurt — —
Fischa Peter aus St. Georgen am
Längsee . . . . — —
Gailer Franz aus St. Leonhard bei
Siebenbrünn . . . . — —
Graf Victor aus Lemberg in
Galizien . . . . — —
Gross Josef aus Feldkirchen . . 1 —
Grueber Paul aus Villach . — —
Guggenberger Thomas aus Mellach
bei Egg . . . . — —
Hauser Karl aus Klausenburg in
Siebenbürgen . . . . — 50
Janiczek Johann aus Völkermarkt — 50
Jannitti Lucian aus Villach . . 2 —

Maier Johann aus Döllach . . . — —
Marin Eugen aus Czestochau in
Russisch-Polen . . . . — 50
Mayer Ferdinand aus Hirt . . . — —
Mayer Ferdinand aus Glantschach — —
Mosser Johann aus Villach . . 1 —
Pichler Johann aus Kammering
bei Paternion . . . . — —
Pirker Ludwig aus Paternion — —
Schwarz Moriz aus Graz in
Steiermark . . . . — —
Sigel Karl a. Graz i. Steierm. 1 —
Smid Franz aus Eisnern in Krain — —
Trapp Michael aus Föderlach . — —
Urschitz Leonhard aus
Pörtschach am See . . . . . — —
Summa 5 50

V. Classe.

Ghon Jacob aus Villach . . . . 1 —
Haidinger Franz aus Weisskirchen
in der Militärgrenze . . . . 1 —
Liegel Robert aus Villach . . . — —
Oschgan Konrad aus Spital . . — 80
Pacher Karl aus Klagenfurt . . — —

Rotky Otto aus Tarvis . . — 50
Umfahrer Cornel aus Eberstein . — —
Zechner Karl a. St. Gandolph — —
Zojer Karl aus Villach . . . . — —
Summa 2 80

VI. Classe.

Ghon Leo aus Villach . . . . — —
Hohenberger Othmar aus Villach — —
Jannitti August aus Villach . . 2 —
Kirchmaier Karl aus Rosegg . . 1 —
Matheuschits Primus a. Reichersdorf — —

Pauločić Andreas aus Prävali . 1 —
Pfajfar Anton aus Kerschdorf in
Krain . . . . — —
Summa 4 —

VII. Classe.

Brey Max aus Villach . . . . . — —
Eberle Otto aus Gmünd . . . . — —
Fugger Josef aus Ferlach . . . — —
Gasser Stephan a. St.Ruprecht a.M. — —
Heiser Anton aus Feldkirchen . — —
Janescka Josef aus Suben in Ober-
  Österreich . . . . — —
K r e i n e r D a v i d a. Gottesthal — 50
Markart Karl aus Villach . . . — —
Martin Adolf aus Tarvis . . . 1 —

Maurer Karl aus Zwischenwässern — 50
Mulli Franz aus Villach . . . . — —
S c h a u m b e r g e r Georg aus
  Fresach . . . . 1 —
Schlagenhaufer Friedrich a. Wien
  in Nieder-Österreich . . . . . — 50
Schludermann Josef aus Villach — 40
Serpp Alois aus Marburg in
  Steiermark . . . . — —

       Summa 3 90

VIII. Classe.

Gbon Anton aus Villach . . . — —
Grueber Albert aus Villach . . — —
Lechner Ludwig aus Villach . . — —
Mühlbauer Josef aus Kirchberg am
  Wechsel in Nieder-Österreich . -- —
Pobeheim Anton aus Klagenfurt — —
Schmidt Wilhelm aus St.Ruprecht
  am Moos . . . . 1 —

Schwagula Karl aus Gross-Florian
  in Steiermark . . . . — —
Schwarz Rudolf aus Gras in
  Steiermark . . . . — —
W e n g e r M a r i a n aus Feld-
  kirchen . . . . — --
Winkler Simon aus Unter-Ferlach 1 —

       Summa 2 —

b. Classification.

Schulclasse:		I.	II.	III.	IV.	V.	VI.	VII.	VIII.	Zus.
Classifications-Abschluss des Schuljahres 1882/83*)	erste Classe mit Vorzug	7	3	4	2	.	.	2	2	22
	erste Fortgangsclasse	30	15	18	10	6	13	8	8	108
	zweite „	8	4	3	3	2	1	.	2	23
	dritte „	3	1	2	.	.	.	.	1	7
	ungeprüft .	.	.	.	1	.	.	.	.	1
	Schülerzahl	48	23	27	16	8	16	11	12	161
Schuljahr 1883/84 — I. Semester	erste Classe mit Vorzug	5	4	.	3	2	.	2	3	19
	erste Fortgangsclasse	32	21	16	13	5	4	8	7	106
	zweite „	11	11	4	6	3	2	5	.	42
	dritte „	5	1	.	1	.	1	.	.	8
II. Semester	erste Classe mit Vorzug	5	4	.	1	2	.	2	1	15
	erste Fortgangsclasse	24	20	16	13	4	4	9	8	98
	zweite „	6	6	.	4	2	.	2	1	21
	dritte „	3	.	2	.	.	.	2	.	8
	ungeprüft (weg. Krankh.)	.	.	.	1	.	.	.	.	1
	Wiederholungsprüfung	9	5	2	.	1	3	.	.	20

*) Von den 22 Schülern, welchen eine Wiederholungsprüfung gestattet worden war, haben dieselbe 12 bestanden, 6 nicht, 2 sind nicht erschienen, haben also zweite Fortgangsclasse, 2 sind zwar erschienen, haben aber die Prüfung nicht abgelegt, sind also gleichfalls zweitclassig. Der Schüler, welchem wegen Krankheit eine Ergänzungsprüfung aus mehreren Gegenständen bewilligt worden war, hat dieselbe nicht abgelegt, ist demnach ungeprüft.

c. Statistisches über die Schüler.

Schulclasse:	I.	II.	III.	IV.	V.	VI.	VII.	VIII.	Zus.
Gesammtzahl am Beginne des Schuljahres	52	38	20	23	11	8	15	12	179
Zugewachsen während des I. Sem. . . .	1	.	.	.	.	.	.	.	1
Abgegangen während des I. Sem. . . .	.	1	.	.	1	1	.	2	5
Abgegangen am Schlusse des I. Sem. . .	2	1	.	.	.	.	.	.	3
Abgegangen während des II. Sem. . . .	4	1	.	.	1	.	.	.	6
Gesammtzahl am Schlusse des Schuljahres	47	35	20	23	9	7	15	10	166
Eingetreten sind:									
a) als Repetenten der Anstalt	5	4	4	2	2	1	1	.	
b) aus der vorang. Classe aufsteigend .	.	33	16	18	8	6	13	10	104
c) aus einer fremden Mittelschule (in der I. Classe bezhw. Volksschule) . . .	48	1	.	3	1	1	1	2	
Alter am 15. Juli: 10 Jahre .	4	.	.	.	.	.	.	.	
(¹/₁₂ und mehr des 11 "	11	.	.	.	.	.	.	.	11
letztbegonnenen Alters- 12 "	13	8	1	.	.	.	.	.	22
jahres für ein volles 13 "	10	7	3	4	.	.	.	.	24
Jahr gerechnet) 14 "	5	11	6	1	1	.	.	.	24
15 "	4	6	8	8	2	.	.	.	28
16 "	.	3	1	3	3	1	.	.	11
17 "	.	.	1	2	1	1	3	.	8
18 "	.	.	.	2	2	1	5	4	14
19 "	.	.	.	2	.	1	3	3	9
20 "	.	.	.	.	.	1	2	2	5
21 "	.	.	.	1	.	1	2	1	5
23 "	.	.	.	.	.	1	.	.	1
Muttersprache: deutsch	40	29	15	18	9	4	14	9	169
slovenisch . . .	6	6	4	4	.	3	1	1	
polnisch	1	.	.	1	.	.	.	.	
čechisch	.	.	1	.	.	.	.	.	
Religions- römisch-katholisch	46	35	20	21	9	7	14	9	
bekenntnis: evangelisch A. C.	1	.	.	2	.	.	1	1	
Heimat: Kärnten . . .	32	21	14	17	8	6	12	7	
darunter Villach . . .	5	5	3	4	3	3	4	3	
anderswo in Cisleithanien	12	10	6	4	1	1	3	3	
Ausland . . .	3	1	.	2	1	.	.	.	
Aufenthaltsort der Eltern oder Angehörigen:									
Villach und nächste Umgebung	25	14	10	11	7	3	9	5	
anderswo in Kärnten	21	19	10	11	2	2	5	2	
ausser Kärnten	1	2	.	1	.	.	1	2	
Nebengegenstände des Unterrichtes									
Kalligraphie a) relativ-obligat	30	10	.	.	.	.	.	.	
b) Freigegenstand	.	13	.	.	.	.	.	.	
Slovenische Sprache a) relativ-obligat	.	6	4	4	.	.	3	1	
b) Freigegenstand	.	.	.	2	1	1	.	.	
Zeichnen (für Obergymnasiasten) . . .	.	.	.	.	1	.	2	.	
Stenographie	.	.	.	.	17	5	.	2	
Singen	25	16	7	9	5	3	4	.	
Turnen	23	19	11	11	5	1	9	.	
Schulgeld a) zahlende	26	22	10	13	5	6	9	.	
b) befreite (halb oder ganz)	20½	13	10	10	4	1	6	.	
Stipendisten	.	2	.	8	3	.	5	.	
Das Schulgeld haben bezahlt im I. Sem. .	58	22	9½	12	7	6	9	.	
im II. Sem. .	26½	22	10	13	5	6	9	.	
Die Aufnahmstaxe von fl. 2.10 haben bezahlt	43	1	.	8	1	1	1	.	61

G. Maturitätsprüfung.

Zur Prüfung haben sich die 10 öffentlichen Schüler der VIII. Classe gemeldet.

Die schriftliche Prüfung fand vom 16. bis zum 21. Juni statt. Die Themen waren:

Deutscher Aufsatz: Inwiefern lehrt uns das Studium der österreichischen Geschichte unser Kaiserhaus hochschätzen?

Latein-Deutsch: Livius l. XXII. cc. 55—56.

Deutsch-Latein: Dictat „Aus Ciceros Leben" (Grysar, Latein. Stilübungen II. Abth. III. Abs. 4)

Griechisch: Platon Phaedon cap. 65.

Mathematik:

1) Es werden p K Eis von 0^0 in g K Wasser von t^0 C. gebracht; welche Temperatur wird sich nach dem Schmelzen des Eises einstellen?

p = 200 K; g = 600 K; t = 80^0 C.

2. Eine dreiseitige Pyramide habe die Basiskanten a, b, c; eine Seitenkante derselben sei d und gegen die Grundfläche unter dem Winkel δ geneigt. Wie gross ist das Volumen des ihr eingeschriebenen Kegels?

a = 101 m., b = 29 m, c = 78 m, d = 145·2 m und δ = 69^0 17' 20·1".

3) Man construire die Linien, die durch die Gleichungen

$$y^2 = 2x$$
$$x^2 - 2x + y^2 = 8$$

bestimmt sind, und berechne den Inhalt der von beiden Linien eingeschlossenen Fläche

Slovenischer Aufsatz (für 1 Abiturienten): Kakovi dogodki so najbolj pospeševali zemljepisno znanje?

Die mündliche Prüfung wird am 28. Juli beginnen.

H. Geldangelegenheiten.

An Aufnahmstaxen wurden von 51 Schülern erlegt 107 fl. 10 kr., an Taxen für Duplicatzeugnisse 2 fl., welche Beträge zur Anschaffung von Lehrmitteln in die Stadtgemeindecasse abgeführt wurden.

Die Lehrmittelbeiträge der Schüler beliefen sich auf 129 fl. und wurden zur Erweiterung und Instandhaltung der Schülerbibliothek verwendet.

An Schulgeld wurden eingehoben im 1. Sem. 972 fl., im 2. Sem. 764 fl. zusammen 1736 fl. österr. Währ., welche in den kärntn. Studienfond flossen.

Die Gehalte, Zulagen und ordentlichen Remunerationen für das gesammte Lehrpersonal und den Diener, die ausserordentlichen Remunerationen, Aushilfen und Druckkosten der Jahresschrift werden vom Staate gezahlt.

Die von der Villacher Stadtgemeinde zu leistenden ordentlichen Beiträge zur Erhaltung der Lehranstalt (Lehrmittelpauschale 780 fl., Beheizung und Reinigung der Schullocalitäten, Kanzleipauschale 100 fl. und Completierung der Schuleinrichtung) beziffern sich pro 1883/84 ungefähr auf 1500 fl. Die Direcion spricht hiefür der löblichen Stadtgemeinde-Vorstehung den wärmsten Dank aus.

Stipendisten:

Name	Schul-classe	Stipendium	Jährl. Betrag fl. kr	Verliehen durch Decret
Kapaller Peter	II.	1. Graf Widmann	189 —	der h. k. k. kärntn. L.-Rg. ddo. 14. Jänner 1884, Z. 261
Kaufmann Josef	II.	Alois Zwiechenberger	57 —	der h. k. k kärntn. L.-Rg. ddo. 13. Dec. 1882, Z. 10.713
Gross Josef	IV.	24. Kaiser Ferdinand	105 —	der h. k. k. kärntn. L -Rg. ddo. 21.Februar 1884, Z.12.126 de 1883
Grueber Paul	IV.	2. Welzer	24 —	der h. k. k. kärntn. L.-Rg. ddo 31. Jänner 1884, Z. 12 503 de 1883
Pirker Ludwig	IV.	Thomas Kuralt	105 —	der h k. k. kärntn. L -Rg. ddo. 29 Jänner 1882, Z 811
Pacher Karl	V.	3. Ursula von Metnitz	84 —	der h. k k. kärntn L.-Rg. ddo. 2. Februar 1884, Z.11.664 de 1883
Rothy Otto	V.	39. Kaiser Ferdinand	105 —	der h. k. k. kärntn. L.-Rg. ddo. 21.Februar 1884,Z.12.126 de 1883
Zechner Karl	V.	1. Franz Zeisler	15 —	der h. k. k. kärntn. L.-Rg. ddo. 12. Februar 1881, Z. 939
Heiser Anton	VII.	Johann Pilgram	248 —	der h. k. k. kärntn. L.-Rg ddo 12. Februar 1879, Z. 1165, erhöht durch Decret hochderselben ddo. 8 October 1880, Z. 6826
Kreiner David	VII.	1. Josef Orasch	60 —	der h. k. k. kärntn. L.-Rg ddo. 11. Febr. 1883, Z. 10,115 de 1882
Markart Karl	VII.	3. Josef Orasch	60 —	der h. k. k. kärntn. L.-Rg. ddo. 11. Febr. 1883. Z 10,115 de 1882
Schaumberger Georg	VII	17. Kaiser Ferdinand	105 —	der h. k. k. kärntn. L.-Rg. ddo. 21. Februar 1884,Z.12.126 de 1883
Schlagenhaufer Friedrich	VII.	Hofsängerknaben-Handstipendium	315 —	h. k. k. Minist. f. C. u. U. ddo. 10. Aug. 1880, Z. 12.390, intim. v. d. h. k. k. niederöst. Statthalterei ddo.29.Aug.1880,Z.80.858
Grueber Albert	VIII	32. Kaiser Ferdinand	105 —	der h. k. k. kärntn. L.-Rg. ddo. 5. März 1879, Z. 1058
Schwagula Karl	VIII	Josef Pongratz	100 —	verliehen 80 fl v. d. h. k k steierm. Statthalterei ddo. 26. Sept. 1879, Z.13.218 auf Grund d. h. Unterr.-Minist.-Erlasses ddo.19 Sept. 1879, Z 14.593, erhöht anf 100 fl. mit Decret ddo. 30. März 1880, Z. 3567 auf Grund des Erlasses d. h. k. k. Unterr.-Minist. ddo. 2. März 1880, Z. 3105
Schwarz Rudolf	VIII	40 Kaiser Ferdinand	105 —	der h. k. k. kärntn L.-Rg. ddo. 7. April 1882, Z. 2646
Wenger Marian	VIII	1. Josef u. Franz Rainer	118 55	der h. k. k. kärntn. L.-Rg. ddo. 12. Februar 1879, Z. 1035

Gesammt-Jahresbetrag der 17 Stipendien: 1900 fl. 65 kr.

J. Vermehrung der Lehrmittelsammlungen und der Einrichtung.

Die Vermehrung erfolgte durch Geschenke, durch Umtausch (bei der Programmen-Sammlung) und durch Ankauf, letzteres mit Annahme der Schüler-bibliothek durchgehends aus Gemeindemitteln.

Die Geschenke sieh unten K Seite 28.

1. a. Lehrerbibliothek.

Zeitschrift f. d. österr. Gymn. 1884 -- Zeitschrift f. d. Gymnasial-wesen (Berlin) 1884 — Dr. K. A. Schmid, Encyklopädie des gesammten Erziehungs- und Unterrichtswesens II. Aufl. Bd. I—IV— Ziller, Grundlegung zur Lehre vom erziehenden Unterricht. 1884 — Ritschel, Plauti comoediae II 4 u. 5 — Neue Fr., Formenlehre d. latein. Sprache, II. Bd. n. Register — Texte der latein. u. griech. Classiker (f. d. Matur-Prüfung): Sallust von A. Scheindler (6 Expl.), Horaz von M. Petschenig (6 Expl.), Tacitus von Halm tom. I (3 Expl.) u. tom. II (2 Expl.), Livius von Grysar vol. I n. II (in je 3 Expl.), Vergil von E. Hoffmann (3 Expl.), Ciceronis orationes selectae von R. Klotz vol. I u. II (je 3 Expl.), Xenophons comment. Dindorf (3 Expl.), Hom. Il. u. Ody-s. von Dindorf, (je 3 Expl.), Herodot von Dietsch vol. I (3 Expl.) u. vol. II (2 Expl.) — E. Kuhn u. J. Schmidt, Zeitschrift f. vergl. Sprachforschung auf dem Gebiete der indogermanischen Sprachen, VII. Bd. — Pypin u. Spasovič: Geschichte der slavischen Literaturen, übertr. von Traugott Pech I. II. 1 — Goedeke-Tittmann, deutsche Dichter des 16. u. 17. Jahrh. und zwar: die Schau-spiele der englischen Comödianten, und A. Gryphius, Dramatische und lyrische Gedichte — Rabener, Satiren 1763 — Rudolph, der deutsche Aufsatz — Gregorovius, Geschichte der Stadt Rom im Mittelalter, Bd. VI, VII, VIII — Alschker, Geschichte Kärntens (Fortsetzung) — Gindely, Geschichte des 30jährigen Krieges, Bd. I u. II — Beck-Widmannstetter, Ulrichs von Lichtenstein Grabmal auf der Frauenburg, 1871; Studien in den Grabstätten alter Geschlechter der Steiermark und Kärntens, Berlin 1877--78 — Archiv für vaterländische Geschichte, herausgeg. von dem Geschichtsverein f. Kärnten Jahrg. 6. 8—11. 13. 14 — Steiner, Vorlesungen über synthetische Geometrie — Mendelssohn, Sämmtliche Lieder — J. B. Molitor, Missa „Tota pulchra es Maria" — J. Schweitzer, Schutzengel-Messe — J. Diebold, Missa „adoro te devote" — Tilkowski opus 6 — Mittheilungen der k. k. geograph. Gesellschaft in Wien Jahrg. 1884 — Behm, Petermann's Mitthei-lungen aus J. Perthes' geograph. Anstalt, 1884 — Seibert, Zeitschrift für Schulgeographie, IV. u. V. Jahrg. — Baker-Martin, der Albert Nyanza, 1876 — Tyndall, die Wärme, 1875 — Helmholtz, die Lehre von den Tonempfindungen — A. Hartinger, Atlas der Alpenflora, Heft XXI—XXXIV— Verhandlungen der zool.-botan. Gesellscnaft in Wien Jahrg. 1883, Bd. XXXIII mit Beiheft — Dr. R. Latzel, die Myriopoden der österr-ungar. Monarchie, 2. Hälfte, 1884 — Wittstein, die Naturgeschichte des C. Plinius, 1881 — Meyer, Convers.-Lexikon Bd. 21 (5. Jahr.-Suppl.).

Aus der Schülerbibliothek wurden übertragen: Odyss. I Bd. C. Tauchnitz, Livius II. Bd. C. Tauchnitz; Dindorf, Sophoclis Aiax n. Hom. Odyssee, Teubner.

1. b. Schülerbibliothek.

E. Älschker, Geschichte Kärntens (Fortsetzung) — Fr. Umlauft, die
Länder Österreich-Un.·arns in Wort und Bild, 10 Bde. — Hölders geograph.
Jugendbibliothek, 10 Bdchen. — W. Herchenbach, Erzählungen f. d Jugend
5 Bdchen. — W. Wiechowsky, Märchenbuch — Hermann, Raupen — und
Schmetterlingsjäger — Sigismund Rüstig der Bremer Steuermann — O. Taschen-
berg, die Insecten nach ihrem Schaden und Nutzen — F. Siegmund, die
Wunder der Physik und Chemie — A. Stifter, Nachsommer — Boisaier,
Cicero und seine Freunde — Pilz, der kleine Thierfreund — Grimm, Kinder-
und Hausmärchen; deutsche Sagen — Obentrauts Jugendbibliothek: die Salz-
bergwerke in Wieliczka — Kluge, Geschichte der deutschen Nationalliteratur —
Goethe: Hermann und Dorothea, Achilleis, Reineke Fuchs, Iphigenie,
Torquato Tasso, die natürliche Tochter — Platen, der gläserne Pantoffel, der
Schatz des Rhampsinit — Kleist, die Hermannschlacht, Amphitryon,
Penthesilea, das Käthchen von Heilbronn — Vilmar, Geschichte der deutschen
Nationalliteratur — Halm, Griseldis; der Fechter von Ravenna; der Sohn
der Wildnis. — W. Kopp, Geschichte der griechischen Literatur; Geschichte
der römischen Literatur — Osterwald, Erzählungen aus der deutschen Welt,
3 Bde. — Berndt, das Leben Karls d. Gr.; Heinrich I. und Otto d. Gr. —
Hertzberg, die Geschichte der messenischen Kriege — Hess, Rom unter den
Königen — Rudolf, Schillerlexikon, 2 Bde. — Assmann, Handbuch der
Geschichte — Slomšek, pesmi I Bd. — Smid Kristofa Spisi 5 Bdchen. — Narodna
biblioteka Bd. 1—9 — ausserdem einige Nachschaffungen.

2. Physikalisches Cabinet.

Gasometer von 400 l — Rotationsvorrichtung für stroboskopische Scheiben —
Balancewage System Pfanzeder — Drehwage Coulombe — Rotationsapparat
Ritchie — Widerstandssäule Siemens 1000 SE — Rheochord Poggendorf —
KryophorWollaston — Thermoelement — Thermonadel — Transparente Scala —
Mikrophon — Chlorcalciumrunröhren, Kugelröhren, Retorten, Glasröhren, Korke,
Präparatengläser, Verbrauchsgegenstände.

3. Naturhistorisches Cabinet.

Pflanzenmodelle von R. Brendel: Pinus silvestris masc. u. fem., Salix
alba — Glasimitationen: Aurelia aurita, Edelkoralle, Actinia — Walfischbarte —
Kopf eines zahnarmen Säugethieres (Modell) — Kopf von Gorilla (Gips-
abguss) — Zahnabguss vom indischen Elephanten — Schädel des Bibers —
Tetrodon (Spirituspräparat).

4. Geographische Lehrmittel.

Chavanne, Physikalisch-statistischer Atlas der österr.-ungar. Monarchie, Lfg. 4.
H. Kiepert, Physikalische Wandkarte von Asien.

5. Lehrmittel für den Zeichenunterricht.

Drahtmodelle: 2 concentrische Kreise mit 2 Durchmessern; 2 gleich grosse
rechtwinklig unter einander verbundene Kreise. —

Gipsmodelle: Romanisches Capitäl; Piedestal im Charakter der italienischen Renaissance; freies Enden in Pyramidenform, dgl. in Kegelform — Dorisches Capitäl; Schale, flaches Gefäss, griechisch; Krater in Kelchform, griechisch; Amphora, griechisch; Tulpenförmiger Krater, griechisch; Hydria, dreihenkliges Gefäss, griechisch.

6. Archäologisches Museum und Münzen-Sammlung.

In der Zeit vom 1. Juli 1883 bis 30. Juni 1884 spendeten: Frau Kaudolf in Villach: 2 zinnerne Trinkkrüge der ehemaligen Fleischhauergenossenschaft von Villach, ferner viele auf dieselbe Genossenschaft sich beziehende Schriften bezhw. Urkunden aus dem 16.—19. Jahrhundert. Der Begründer des Museums und der Münzen-Sammlung, Herr A. C. Picco, Bürger und Bauunternehmer in Villach: Stück eines altrömischen Kettenpanzers, einen altrömischen (?) Sporn; Morgenstern; 1 bosnische Pistole, 1 bosnischen Säbel mit Scheide, 1 bosnisches Leibel; 1 Messingring der Bäckergenossenschaft 1701; 1 Bild Ghega's von Kriehuber in Glas und Rahmen; Kärnten von Valvasor 2. Auflage; je 1 Exemplar Toleranz-Bote 1793, 1795, 1793, 1802, 1803, 1806, 1809; 1 Schreibkalender 1811; 2 Bücher medicinischen Inhaltes 1705 und 1741; 1 Buch Compendium artis delineatoriae 1680; 1 Druckwerk: Zehentordnung für Kärnten ca. 1801; 1 Druckschrift: Josephinische Grundsteuer-Einschätzung 1785; Hilfstabellen für die leitenden Steuerbezirks-Obrigkeiten zur Berechnung der Grund-Erträgnisse 1819; Currende der politischen Organisierungs-Commission für Kärnten 1849; 3 Druckschriften bezüglich Cataster; Verordnung betreffend die Durchführung der Grundentlastung in Kärnten 1849; Karte von Österreich, Steiermark, Kärnten, Tirol und Illyrien 1819, 2 Kistchen; Goldmünze Justinian; 1 altröm. Broncemünze Valentinian; 25 Silbermünzen (darunter 1 Gian Maria Galeazzo von Mailand, 1 Thaler Moriz von Sachsen 1552; 2 kleine Patriarch Gregorius von Aquileia und 1 civitas Tergestum; 1 Zwanziger Rudolph II. 1605; 1 Thaler Mathias von Ungarn 1618; 1 Thaler Ferdinand II. 1632, 1 Thaler Theod. unica mens 1676, 1 Thaler Cosmus III. 1677; 1 Thaler Löwenstein-Wertheim 1709; ½-Thaler Georg Ludwig 1712; 1 Salzburger Landmünze 1747; 1 Zwanziger Franz Joseph von Lichtenstein 1778; 1 Thaler Leopold II. 1790; 1 Thaler des Cardinals Salm 1801; 1 des Hieronymus Napoleon 1811; 1 der Republik Mexico 1839; 1 französ. 2 Francs 1869); 3 Kupfermünzen (1 zu 6 kr. Franz II. 1800, 1 cent. der Niederlande 1878, 1 dänisch-schwedische Öre '882); 1 Denkmünze an die Jubelfeier zu Loretto, Stiftung von Rosenberg 1653; 1 Bronce-Denkmünze des Cardinals Salm 1799; 1 Stück österr. Papiergeld; vermittelte ausserdem viele andere Spenden.

Herr A. Krek beim Grosshandlungshause Brüder Volkart in Bombay: 44 Kupfer- und 34 Silbermünzen von Persien, Türkei, besonders Indien (ostind. Compagnie, englisch-indische, freie Staaten), und drei moderne indische Kalender.

Herr Gustav Freiherr von Seenuss in Wien: 11 persische Münzen in

Sammt-Etui unter Glas, davon 3 Gold-, 6 Silber- und 2 Kupfermünzen (Münzsystem des Franz R. Pechan von Prägenberg.)

Herr L. Wittling, k. k. Hauptsteuereinnehmer i. R.: 4 neuere Silbermünzen und 8 neuere Kupfermünzen.

Herr J. Leitgeb, k. k. Hauptsteuereinnehmer: 1 altrömische Broncemünze; 5 neuere Silbermünzen (1¹/₂ Lira Veneta Franz II. 1802; 1 Kreuzer Kaiser Leopold I., 30 Soldi der cisalpin. Republik; 1 Groschen der Herzoge von Sachsen Johann, Georg, Friedrich; 1 tirolische); 1 Kupfermünze der französ. Republik l' an II.

Herr Lussnigg, Hausbesitzer: „Classification der Schüler und Schülerinnen an der Villacher Hauptschule 1833"; 5 Papierurkunden (darunter je 1 Kaufbrief ddo. Spital 1645 und ddo. Rothenthurn 1655 und 1706); 3 Druckschriften (Patent Josefs II. 1786 über die Berichtigung von Ärarialrechnungen, Auszug aus den Verordnungen der kärntn. Landesstelle 1792, Currende ddo. Klagenfurt 1809 betreffs Hereinbringung der von Eugen Napoleon auferlegten Kriegscontribution).

Herr Mathias Millesi in Völkendorf: 1 altmacedonische Silbermünze; 4 neuere Silbermünzen (1 venetian. 1722 und 3 türkische); 2 Kupfermünzen (davon 1 der ostindischen Compagnie 1835).

Herr Benedict, Kaufmann: 1 österr. Silbermünze 1795; 8 Kupfermünzen (1 venet., 1 Karl von Sicilien 1756, 1 Kreuzer Franz I. 1759, 1 Pfennig Augsburg 1780, 1 Zweipfennigstück 1781, 1 Heller 1820, 1 venet. 1819, 1 Pius IX. 1851, österr. Halbkreuzer 1858); 1 kleine Messingmünze (Falsificat) Franz I.

Herr A. Dimter, k. k. Professor: 9 Silbermünzen (2 à 24 kr. des Herzogs von Schlesien 1623; 1 à 24 kr. des Erzherzogs Ferdinand 1623; 2 Groschen Sigismund III. von Polen 1623; 1 Groschen 1724; 2 Groschen des Erzherzogs Ferdinand 1624 und 1626; 1 à 5 cent. der Schweiz 1876);

Herr K. Fürst, Kaufmann: 5 Silbermünzen (davon 1 Salzburger 6 kr.-Stück 1627, 1 Zwanziger Schwarzenberg 1783, 1 10Soldi-Stück Parma 1815).

Herr M. Fürst, Kaufmann: 1 Druckwerk, enthaltend die von Maria Theresia 1759 erlassene „Berg-Teutsch-Hammer- und Radwerks-Ordnung zu Hüttenberg, Mossinz und Lölling"; 1 Foliant, enthaltend a) „Aula subterranea alias Probier-Buch" 1736; b) „Interpres phraseologiae" 1736; c) „Neues und vollkommenes Bergbuch" 1794.

Herr Ingenieur Talpa: 4 kleine Silbermünzen (Salzburg 1681, 1724, 1744 und ?) und 2 Kupfermünzen (1 bairisch. Heller 1847 u. 1 türkische).

Herr Rizzi, Kaufmann: 1 silberne Denkmünze an die Trennung Ottos von seiner Mutter bei Aibling 1835; Denkmünze an die Wiederherstellung der Mariensäule in München 1855; 2 neugriechische Kupfer-Münzen (1869 und 1882).

Herr Detoni, Friseur: 1 Messing-Einband-Decke für ein Büchlein mit den Thierzeichen und astronomischen Linien; 4 Silbermünzen (davon 1 1566, 1 15 kr.-Stück Christian von Schlesien 1664, 1 Sechser von Olmütz 1712).

Herr D. Feldner in Greifenburg: 4 Silbermünzen (¹/₄-Thaler Ferdinand Karl 1654; ¹/₃-Thaler 1670; ¹/₄-Thaler Leopold 1699; 1 Zwanziger Maria Theresia 1762).

Herr Kofler, Grundbuchsführer: 1 Schrift: Beschreibung der Stadt
Villach von J. A. Pistl 1739; 1 gedrucktes Patent der Kaiserin Maria
Theresia: Trauerordnung vom Jahre 1768; 1 Abschrift der Organisations-
Verordnung des k. k. provis. Illyrischen General-Gouvernements."
Herr Heinrich, Privatbeamter: 1 Messing-Schlagring; 1 Dolar-
Note der Vereinigten Staaten; 1 österr. Silbermünze 12 kr. 1795.
Herr Chr. Reiner, Kaufmann: 2 Kupfermünzen (Victor Amadeus II.
von Sardinien 1706 und Kaiser Franz 1759).
Herr Rautter, Buchbinder: 2 türkische Kupfermünzen.
Hochwürd. Herr Pleschutznig, Pfarrer in St. Martin: 1 altrö-
mische Broncemünze und 1 Kupfermünze ¹/₂ kr. Josef II. 1774.
Herr R. Wentz, Lehrer in St. Martin: 1 japanesische Zeitung; 2
siamesische Räucherkerzchen.
Herr H. v. Dollhopf, Bürgermeister von Villach: 1 toscanische
Kupfermünze ¹/₈ soldo 1763.
Herr D. Frh. von Aichlburg: 1 grosse Photographie des Feldmarschall-
Lieutenants von Lützelhofen (geboren in der Oberen Vellach bei Villach),
in Goldrahmen.
Herr Tusch, Oberlehrer in St. Ruprecht a. M.: 1 Druckwerk
„Force d'Europe oder die Merckwürdigst- und Fürnehmste, meistentheils
auf Ihrer Fortification wegen Berühmteste Stätte, Vestungen, Seehäfen,
Camps de Bataille in Europa . . . . in 200 Grundrissen (jeder auf
eigenem Blatte) . . . . herausgegeben von Gabriel Bodenehr, Kupffer-
stecher in Augspurg" (1727).
Herr Buchbinder Lautner: 1 Buch: der Verkehr zwischen Seele und
Leib. Von Em. Swedenborg 1830.
Herr Zesner, Postbeamter: 1 Gebetbuch, Prag 1762.
Herr L. Walter, städt. Ingenieur: 1 Kossuth-Note zu 10 fl. 1848.
Herr H. Edler von Schulheim, k. k. Bezirksingenieur: 1 Silber-
münze 1636.
Herr J. Wrann: 1 Silbermünze 10 soldi Pius IX. 1869.
Hochwürd. Herr Kaplan Kuess: 1 Silbermünze 10 kr. Max. Jos. 1773
Herr Pabstmann, Glaserer: 1 Münze 1 kr. Max Jos. 1765.
Herr Wakonigg, Privat: 1 schweiz. Silbermünze 1850.
Herr Liegel, Buchhändler: 1 österr. Silbergroschen 1840.
Herr Rapatz, k. k. Inspector: 1 Silbersechser Leopold I. 1668.
Herr H. Gold, k. k. Postofficial: 1 neugriech. Kupfermünze 1869.
Herr Dr. Settari, Advocat: 1 altröm. Silberdenar der Otacilia Severa
Augusta.
Herr Nagy, Inspector der Südbahn: 1 Kupfermünze 4 soldi
Pius IX. 1868.
E. Hardegg, Schüler der k. k. Fachschule für Holzschnitzerei: 1 Papier-
Urkunde ddo. Tarvis 1711; 1 Buch: die Evangelien, ins Deutsche über-
setzt (von H. Emser), mit Initialen, aus dem 16. Jahrh.; 1 Buch:
„Die Drey Klügsten Leute in der gantzen Welt . . . . durch
Catharinum Civilem. 1675".
Die Studierenden: Mühlbauer VIII. Cl.: 1 Bündel gedruckte Patente aus
den 20ger — 50ger Jahren des vorigen Jahrhunderts ddo. Graz,

1 österr. Silbersechser 1848; 6 österr. Kupfermünzen aus der Zeit Maria Theresia's, Josef's II. und Franz II.; 1 Pfennig deutsches Reich 1873; je 1 Kupfermünze 5 cent. Victor Emanuel 1862 und Napoleon III.; Jannitti VI. Cl.: 1 Steinwaffe aus der Steinzeit; Sedei II. Cl.: 1 Silberkreuzer 1868.

Anmerkung 1: Den Herren A. C. Picco, Bürger von Villach und Bauunternehmer, L Wittling, k. k. Hauptsteuereinnehmer i. R., und Hans Gold, k. k. Postofficial wurde von der Stadtgemeindevorstehung und Gymnasialdirection gemeinschaftlich der Dank für eminente Förderung des Museums und der Münzen-Sammlung ausgesprochen.

Anmerkung 2: Herr Professor M. Knittl hat 441 Stücke Kaiserliche Patente und Decrete, Currenden des steir.-kärnt. Guberniums, Circulare des Kreisamtes Villach und ähnliche Kundmachungen, sämmtliche aus dem Ende des vorigen und dem Beginne des laufenden Jahrhunderts, geordnet und ein Inhalts-Verzeichnis über dieselben angelegt, für welche langwierige Arbeit ihm die Direction den besten Dank ausspricht.

7. Directionskanzlei.

a) Programmen-Sammlung.

Im Umtausch erhielt das Gymnasium die vorjährigen Programme resp. Jahresberichte von 191 österr.-ungar. Mittelschulen, ferner durch Vermittlung des h. k. k. Unterrichtsministeriums 316 Programme von Gymnasien des deutschen Reiches (mit Einschluss Baierns).

Anmerkung: Die Programmen-Sammlung enthält gegenwärtig mit Einbeziehung des obigen Zuwachses 2275 Stücke aus Oesterreich-Ungarn, davon 37 ohne wissenschaftlicher Abhandlung, 2418 Stücke aus dem deutschen Reich (mit Einschluss Baierns), davon 629 ohne wissenschaftliche Abhandlung, im ganzen 4693 Stücke, davon 666 ohne wissenschaftliche Abhandlung.

b) Anschaffungen.

Verordnungsblatt d. Minist. f. C. u. U. 1884 — Dassenbacher, Kalender und Schematismus pro 1884 — A. Ehrenreich, Topographisches Orts- und Post-Lexikon des Herzogthums Kärnten 1876.
Hof- und Staats- Handbuch der österr.-ungar. Monarchie 1884.
Verzeichnis der für die österr. Mittelschulen zulässigen Lehrtexte etc. 1884.
A. Wintersperger, der Staatsdienst in Österreich, 1884.
1 Fussack.
Anmerkung: Die Anschaffungen (im Betrage von fl. 16·05) erfolgten aus dem Kanzleipauschale.

8. Einrichtung.

2 Lineale (1 m. lang), 3 Winkeldreiecke, 1 Tisch (1 m × 60 cm × 80 cm) — 3 Kleiderrechen — 1 Podium.

K. Gönner der Anstalt und Wohlthäter der studierenden Jugend.

Es spendeten:

ad J la Lehrerbibliothek:

Das h. k. k. Minist. f. C. u. U.: E. Steinmeyer, Zeitschrift für deutsches Alterthum und deutsche Literatur, 16. Bd.

Die kaiserliche Akademie der Wissenschaften in Wien *):
Sitzungsberichte, Jahrgang 1884.
Die k. k. Central-Commission zur Erforschung und Erhaltung
der Kunst- und historischen Denkmale*): Ihre Mittheilun-
gen, 10, Bd.
Der h. k. k. kärntn. Landesschulrath: Al. Skofitz, österr. botan. Zeit-
schrift, Jahrg. 1884.
Der kärntn. Geschichts- u. naturhist. Verein: Die Zeitschrift Carin-
thia, 1884.
Herr A. C. Picco, Bürger u. Bauunternehmer in Villach: Grabbe;
Napoleon oder die hundert Tage, Drama, Reclam. — K. Immermann,
Andreas Hofer, Reclam — Fr. Hohenauer, Kirchengeschichte von Kärn-
ten 1880 — Bosizio de Thurnberg, Il chient della chiampana.
Die Buchhandlung C. Liegel in Villach: Hinrichs, Verzeichnis der
Bücher, Landkarten etc. 1884.
Die betreffenden Buchhandlungen u. zw.: Tempsky in Prag: die
griechischen und lateinischen Classiker-Ausgaben: Sophoclis Antigone,
Aias, Oedipus rex, Electra von Fr. Schubert; Livius pars II. und Ovid
Metamorph. von A. Zingerle; Salust von A. Scheindler; Horaz von M.
Petschenig; Ovidi carmina selecta von H. St. Sedlmayer; Ciceronis orationes
selectae vol. I. von H. Nohl; Cicero Cato maior und Laelius von Th.
Schich — Caesaris comment de bello Gallico nebst Schulwörterbuch dazu
von I. Prammer; Cornelius Nepos von G Andresen und von A. Weidner;
ferner A. Giedely, Lehrbuch der Geschichte für die unteren Classen, II.
Bd. 1884; Kummer, Deutsche Schulgrammatik 1884; Koziol, Lateinische
Schulgrammatik 1884, und Lateinisches Übungsbuch I. Theil 1884 —
Storch in Prag: Tamchina, Sammlung von Beispielen zur analy-
tischen Geometrie 1884 — Hölder in Wien: Die Ausgaben deut-
scher Classiker von J. Pölzl: Goethe, Hermann und Dorothea; Lessing:
Minna von Barnhelm; Schiller: Wilhelm Tell; ferner K. Schmid, La-
teinische Schulgrammatik — Schworella und Heick in Wien:
J. Nahrhaft, Lateinisches Übungsbuch, II. Theil — Bermann und
Altmann in Wien: Hauler, Lateinisches Uebungsbuch f. d I. Classe.

ad J 1b Schülerbibliothek.

Herr A. Bodirsky, Kaufmann in Tarvis: G. Kreitner, Im fernen
Osten, 1880.
Herr D. J. Feuerlöscher, Gaswerksbesitzer in Villach: Herchen-
bach, Erzählungen für die Jugend, 9 Bde.
Herr Professor A. Dimter; Goethe, Iphigenie auf Tauris.
Herr Gr. Einspieler, Caplan in Villach: Slovenske večernice, heraus-
gegeben vom Hermagoras-Verein, 6 Bdchen.
Herr Tropper, k. k. Corporal in Travnik iu Bosnien: Fünfzehn Tage auf
der Donau; Hauff, die Bettlerin von Pont des Arts (stenographisch);
Rätsch H.: Kurzer Lehrgang der Stenographie.

---

*) Diese Spenden wurden über specielles Bittschreiben des Berichterstatters vom
Jahre 1884 ab bewilligt.

ad J 3 Naturhistorisches Cabinet.

Herr Dr. Kessmann in Malborgeth: 5 Schneckengehäuse und 2 Muscheln aus dem indischen Ocean; 12 Mineralien von Bleiberg.

Herr Mühlböck, Arzt in Villach: 1 rothbrüstigen Kernbeisser.

Herr Dr. Kumpf, Apotheker in Villach: 3 Pfauenfedern.

Herr J. Stengl, k. k. Bezirksthierarzt in Villach: 1 Stück Spiegeleisen.

A. König, Schüler der II. Classe: je 1 Fuchs- und Marderschädel; Querschnitt durch einen Epheustamm.

ad J 5 Lehrmittel für den Zeichenunterricht.

Das h. k. k. Minist. f. C. u. U.: J. Storck Kunstgewerbliche Vorlageblätter, Lfg, XV.

ad J 5 Directionskanzlei.

Herr L. Wittling, k. k. Hauptsteuereinnehmer i. R.: Die Prachtwerke: R. Kleinpaul, Rom in Wort und Bild, Leipzig 1882. 2 Bde.; Das illustrirte Geschichtenbuch vom Kaiser Josef, Wien.

Hochwürd. Herr J. Koch, k. k. Professor: Personalstand der Secular- und Regular-Geistlichkeit der Diöcese Gurk 1882.

Die Verlagshandlung P. Cieslar in Graz: Erstes österr.-ungar. Lehr- und Lernmittel-Magazin. Graz 1883.

Die Spenden für das archäologische Museum und die Münzen-Sammlung s. oben J. 6.

Viele Studierende der Anstalt genossen in mannigfacher Weise und reichlichem Masse Wohlthaten, wie zum Theil in dem am Schlusse dieser Jahresschrift stehenden Berichte des Studenten-Unterstützungsvereines dargelegt ist. Besonders seien hier die grossmüthige, 300 fl. betragende Spende der Villacher Sparkasse und die grossmüthigen, 100 fl. bez. 80 fl. betragenden Spenden des hohen Landtages und der kärntn. Sparkasse in Klagenfurt hervorgehoben, durch die es ermöglicht worden ist, dass auch heuer die Schüler mit Sommerkleidern betheilt worden. — Die Direction kann bei dieser Gelegenheit nicht umhin zu bemerken, dass die Zahl der unterstützungsbedürftigen Schüler bei den gegenwärtigen wirthschaftlichen Verhältnissen immer grösser wird; sie constatiert jedoch auch die erfreuliche Thatsache, dass die Zahl und Grösse der Wohlthaten, welche den Studierenden erwiesen werden, im Steigen ist, wie in unserem schulfreundlichen Lande und in unserer schulfreundlichen Stadt nicht anders zu erwarten steht.

Allen Freunden und Gönnern der Anstalt sowie allen edlen Wohlthätern der studierenden Jugend spricht die Direction den wärmsten herzlichsten Dank in der verbindlichsten Weise aus, insbesondere der löblichen Direction der Villacher Sparkasse, dem Studenten-Unterstützungsvereine, dem hohen Landtage und der löblichen Direction der kärntn. Sparkasse in Klagenfurt, und richtet an dieselben zugleich die Bitte um Fortdauer ihrer der Anstalt und den Schülern gewogenen Gesinnung. Die Direction erwartet, dass auch die Schüler, welche Wohlthaten genossen haben, sich für dieselben dankbar bezeigen und sich derselben sowohl in der Gegenwart als auch in der Zukunft würdig erweisen.

L. Kundmachung für das nächste Schuljahr.

Das Schuljahr 1884/5 beginnt am 16. September. Neu eintretende Schüler und solche, welche eine Wiederholungs- oder Ergänzungsprüfung abzulegen haben, haben sich am 13. oder 14. September zwischen 9 und 12 Uhr in der Directionskanzlei zu melden. Schüler, welche im Vorjahre der Anstalt angehört haben, können sich auch am 15. September in den gleichen Stunden melden.

Zur Aufnahme haben sämmtliche Schüler persönlich, die neu eintretenden in Begleitung ihrer Eltern oder deren Stellvertreter, zu erscheinen und hiebei das letzte Semestralzeugniss vorzuweisen.

Schüler, welche in die erste Classe von der Volksschule übertreten, haben ihr Tauf- oder Geburtszeugnis vorzulegen, welches mindestens das zurückgelegte 9. Lebensjahr ausweisen muss. Auch haben Schüler, welche eine öffentliche Volksschule besucht haben, ein Frequentationszeugnis derselben vorzuweisen, in welchem die Noten aus der Religionslehre, der deutschen Sprache und dem Rechnen verzeichnet sind. Die Reife für das Gymnasium wird sodann durch eine Aufnahmsprüfung ermittelt, bei welcher hinlängliche Sicherheit in der deutschen Rechtschreibung, richtiges Lesen und Verstehen einfacher Lesestücke, sicherer Kenntnis der Wortarten, der Nominal- und Verbalformen (namentlich der Unterscheidung des Gebrauches der Casus), fertiges Rechnen in den 4 Rechnungsarten mit ganzen Zahlen und aus der Religionslehre die Kenntnis des Katechismus, soweit ihn die 4. Classe der Volksschule lehrt, verlangt wird.

Es wird an dieser Stelle ausdrücklich bemerkt, dass es nicht so sehr ein beträchtliches reales Wissen ist, welches das Gymnasium von den in die erste Classe eintretenden Schülern beansprucht, als vielmehr eine sichere Kenntnis der Elemente der deutschen Sprache und des Rechnens und zwar bei diesem hauptsächlich Fertigkeit in der Handhabung der Grundoperationen, bei jenen sicheres Verständnis der Biegungsform und ihrer gewöhnlichsten Anwendung im Satze. In keinem Falle verlangt dasselbe eine speciell auf das Lateinische abzielende Vorbereitung, von welcher sogar abgerathen werden muss.

Sämmtliche Prüfungen (Aufnahms-, Wiederholungs- und Ergänzungsprüfungen) beginnen am 14. September Nachmittags um 2 Uhr.

Die neu eintretenden Schüler zahlen eine Aufnahmsgebühr von 2 fl. 10 kr., die übrigen einen Lehrmittelbeitrag von 1 fl. Das Schulgeld, von welchem im I. Semester der I. Classe eine Befreiung nicht zu erlangen ist, beträgt 8 fl. pro Semester.

Das Verzeichnis der vorgeschriebenen Schulbücher liegt bei den Buchhändlern auf

Gesuche um Unterstützung durch Kost oder Bücher sind an den löblichen Studenten-Unterstützungsverein zu richten und mit dem Armuths- und dem letzten Semestralzeugnisse belegt bei der Direction einzubringen.

K. k. Gymnasial-Direction

VILLACH, den 12. Juli 1884.

J. Rappold,
k. k. Director.

Jahresbericht

des

Studenten – Unterstützungs – Vereines

am k. k. Staatsgymnasium zu Villach

im Schuljahre 1883–84.

Im ablaufenden Jahre 1883/84 hat sich in den Verhältnissen des Vereines nicht viel geändert Die Zahl der Gönner und Mitglieder des Vereines ist so ziemlich dieselbe geblieben.

Die grossmüthigen Spenden des hohen kärnt. Landtages per 100 fl., der kärnt. Sparcasse in Klagenfurt per 80 fl. und besonders die bedeutende Subvention der Villacher Sparkasse per 300 fl. machten es auch im heurigen Jahre möglich, für event. eintretende grössere Auslagen oder gegen einen bedeutenderen Ausfall an Einnahmen Vorsorge zu treffen. Der Ausschuss war nämlich in der erfreulichen Lage, das Stammcapital wieder um 100 fl. zu vermehren, welches nun 800 fl. beträgt.

Eine bedeutende Summe wurde den Vereinszwecken auch durch die bestens gelungene musikalische und Gesangs-Production der Schüler des Gymnasiums zugeführt, über welche bereits im Berichte der löbl. Direction das Nähere bemerkt wurde. Dazu ist nur noch hinzuzufügen, dass in Anbetracht des wohlthätigen Zweckes der löbl. Casinovereins-Ausschuss bereitwilligst seine Localitäten für die Hauptproben und die eigentliche Aufführung unentgeltlich überliess, dass der Gaswerksbesitzer, Herr D. Feuerlöscher die Beleuchtung des Saales umsonst gab und Frau M. Ghon, welche durch ihren Wohlthätigkeitssinn besonders für die studierende Jugend sich bereits seit einer Reihe von Jahren hervorthut, das Holz zur Beheizung des Saales unentgeltlich beistellte.

Auch heuer übergab Fräulein M. von Aichenegg 25 fl. als Jahresbeitrag.

Die Buchhandlung C. Liegel in Villach hat auch heuer dem Verein 5% Rabatt für gelieferte Lehrbücher gewährt.

Herr Josef Muhr, Buchdruckereibesitzer, hat die Drucklegung des vorjährigen Berichtes umsonst besorgt.

Der Stadtpfarrcaplan, Hochw. Herr Gregor Einspieler hat 2 Lehrbücher, Herr Restaurateur J. Handler 1 Atlas zu Vereinszwecken gespendet.

Die Mitgliederbeiträge sind heuer etwas zurückgegangen, was wohl dem Umstande zuzuschreiben sein dürfte, dass einige Vereinsmitglieder, welche bisher einen jährlichen Geldbeitrag leisteten, von nun an armen Studierenden freie Mittagskost verabreichen.

Der Stand der Mitglieder des Vereines ist nun folgender: Zahlende Mitglieder besitzt der Verein 62; die Zahl derer, welche nebst einem jährlichen Geldbeitrag auch noch Mittagskost geben, beträgt 11; nur freien Mittagstisch geben 23 Mitglieder. Somit ist die Gesammtsumme der Mitglieder 96. Die unter den Schülern des Gymnasiums eingeleitete Collecte ergab bis 27. Juni d. J. die Summe von 60 fl. 20 kr.; die einzelnen Beträge sind vorne im Schülerverzeichnis bei jedem Schüler beigesetzt.

Die Unterstützung erfolgte 1) durch leihweise Ueberlassung von 380 Lehrbüchern und Atlanten an 45 Schüler, so dass im Durchschnitte auf einen Schüler 8 bis 9 Bücher kamen; die Bücher müs-en am Schluss des Schuljahres in gutem Zustande wieder abgeliefert werden.

2) Durch Betheilung von 25 Schülern (15 je zweimal, 10 je einmal) mit 70 Kleidungsstücken u. zw. 36 Röcken, 25 Beinkleidern, 9 Paar Schuhen, welche zusammen 365 fl. 17 kr. kosteten; es kam somit die Bekleidung eines Schülers dem Vereine auf 9 fl. 35 kr. im Winter und auf 8 fl. 93 kr. im Sommer durchschnittlich zu stehen.

Die Betheilung mit Kleidern und Beschuhung geschah nämlich zweimal im Jahre: bei Beginn der rauhen Winterszeit und im Anfang des Sommers; fast jeder Schüler, der diesmal ansuchte, konnte wegen des besseren Standes der Casse mit allen gewünschten Kleidungsstücken versehen werden.

3) Durch Verabreichung von Kost, besonders Mittagskost an 10 der Vereinsleitung bekannt gemachte Schüler.

Viele Schüler wurden auf zweifache Weise, ja sogar in allen drei Richtungen (mit Lehrbüchern, Kost und Kleidung) unterstützt.

Ausser den hier angeführten Unterstützungen wurden noch andere, von welchen die Vereinsleitung nicht immer Kunde erhielt, (besonders durch freien Mittagstisch) Schülern der Anstalt zu theil.

Allen der Vereinsleitung bekannten und unbekannten Körperschaften und Einzelpersonen, welche die Vereinszwecke in irgend einer Weise förderten, wird hiemit auch von Seite der Vereinsleitung und im Namen der unterstützten Jugend der herzlichste Dank ausgesprochen. .

Cassa-Gebahrung.

Am Schluss des vorigen Jahres bestand das Stammcapital aus 700 fl. und den seit Juli 1877 unbehobenen Zinsen (Sparcassebüchel Nr. 5801). Ferner besitzt der Verein 90 fl. als Legat der Frau Theresia Platzer, (Sparcassebüchel Nr. 18,982); auch hievon wurden seit October 1882 keine Zinsen behoben.

Dann wurde aus den Ueberschüssen des vorigen Jahres noch eine Summe von 146 fl. nutzbringend in der Villacher Sparcassa angelegt (Sparcassebüchel Nr. 20.032), von welchen auch die Zinsen seit Juni 1883 laufen. In Barem war ein Rest von 41 fl. 19 kr. vorhanden.

Im heurigen Jahre betragen die

Einnahmen:

Subvention vom hohen kärntischen Landtag	100 fl.	—	kr.
„ von der löbl. kärnt. Sparcasse in Klagenfurt	80 „	—	„
„ von der löbl. Sparcasse in Villach	300 „	—	„
Mitgliederbeiträge	180 „	—	„
Reinertrag von der musikalischen und Gesangs-Production der Gymnasialschüler	88 „	71	„
Beiträge von den Schülern des Gymnasiums	60 „	20	„
Empfang vom löbl. Casino — Hrn. Feuerlöscher — Hrn. Dir. Rappold	10 „	—	„

Summe . . 818 fl. 91 kr.

Ausgaben:

Für Lehrbücher	122 fl.	90	kr.
„ Bekleidung	365 „	17	„
„ Stempel und Porto	2 „	68	„
„ Eincassieren der Mitgliederbeiträge u. s. w.	6 „	—	„
„ Buchbinderarbeiten und diverse Regieauslagen	3 „	19	„

Summe . . 499 fl. 94 kr.

Bilanz:

Werden nun von den Einnahmen per	818 fl.	91 kr.
in Abzug gebracht die Ausgaben per	499 „	94 „

so ergibt sich ein Gebahrungs-Ueberschuss von . . . 318 fl. 97 kr.
und mit dem Barreste vom vorigen Vereinsjahre per . . 41 „ 19 „

ein Rest von . . 360 fl. 16 kr.

Davon wurden 100 fl. zur Vermehrung des Stammcapitales verwendet, welches nun 800 fl. beträgt. Von dem noch übrigen Rest per 360 fl. 16 kr. wurden 200 fl. ebenfalls in die Sparcasse gelegt, so dass also das Sparcassebüchel Nr. 20.032 auf 346 fl. lautet; diese Summe sammt den Zinsen seit Juni 1883 dient zur Begleichung allfälliger Ausgaben, für welche das eben vorhandene Bargeld nicht ausreichen sollte.

Die speciellen Rechnungen liegen beim Vereins-cassier, Hrn. Peter J. Merlin, auf.

Die Vereinsleitung ersucht um fernere Bethätigung der studentenfreundlichen Gesinnung und um zahlreichen Beitritt zum Verein. Möge derselbe weiterhin gedeihen zum Besten der armen studierenden Jugend!

Beitrittserklärungen zum Vereine sind an den Hrn. Obmann oder dessen Stellvertreter zu richten oder können auch mündlich bei einem Mitgliede des Ausschusses angemeldet werden.

4

Laut § 3 der Vereinsstatuten ist Mitglied:
a) wer ein- für allemal einen Betrag von mindestens 25 fl. ö. W. erlegt;
b) wer einen jährlichen Beitrag von 2 fl. ö. W. leistet;
c) wer einem von der Vereinsleitung empfohlenen oder derselben bekannt gegebenen Studenten des Villacher Staats-Obergymnasiums während des Schuljahres für wenigstens Einen Tag in der Woche einen Freitisch gewährt;
d) jeder Studierende der genannten Lehranstalt, welcher an den Verein während des Schuljahres einen Monatsbeitrag von mindestens 10 kr. ö. W. zahlt.

Zum Schluss wird noch bemerkt: Jeder bedürftige, zugleich wohlgesittete und fleissige Student des Staatsgymnasiums zu Villach hat Anspruch auf Unterstützung, welcher er so lange theilhaftig bleibt, als er die erste oder zweite Sitten- und Fleissnote und ein Zeugnis der ersten Fortgangsclasse aufweisen kann.

Jene Schüler, welche die Unterstützung des Vereines in Anspruch nehmen wollen, haben ein schriftliches Ansuchen an den Ausschuss des Studenten-Unterstützungs-Vereines zu richten und dasselbe mit dem nicht über Ein Jahr alten Mittellosigkeits-Zeugnisse und dem letzten Semestral-Zeugnisse zu belegen und bei ihrem Eintritte in das Gymnasium dem k. k. Gymnasial-Director zu überreichen, welcher die Gesuche mit seinem Gutachten dem Vereinsobmanne übermittelt.

Den Ausschuss des Vereines bilden im laufenden Jahre die Herren:

Anton L. Moritsch,
Reichsraths-Abgeordneter,
Obmann.

Josef Koch,
k. k. Gymnasial-Professor,
Secretär.

Jakob Rappold,
k. k. Gymnasial-Director,
ständiges Ausschuss-Mitglied.

Carl Genotte,
k. k. Oberstlieutenant i. P.

Alois Novak,
Kaufmann

Josef Muhr,
Buchdruckereibesitzer.

Blasius Tomz,
Hutfabrikant.

Heinrich von Dollhopf,
Bürgermeister der Stadt Villach,
Obmann-Stellvertreter.

Peter J. Merlin,
Kaufmann,
Cassier.

Friedrich Rihl,
k. k. Gymnasial-Professor,
Oekonom.

Johann Staunig,
k. k. Gymnasial-Professor.

Johann Kern,
Braucereibesitzer.

Dr. Anton Serstka,
Advokat

Ferdinand Lautner,
Buchbindermeister.

Franz Interberger,
Platzagent.

Verzeichnis

der

Mitglieder u. Gönner des Studenten-Unterstützungs-Vereines

am k. k. Staatsgymnasium zu Villach

Im Schuljahre 1883/84.

(Die Namen derjenigen P. T Mitglieder, die in hervorragender Weise die Zwecke des Vereins förderten, sind durch gesperrte Schrift bezeichnet.)

P. T. Herr Aichelburg Daniel, Freiherr v., Gutsbesitzer
„ Frl. A i c h e n e g g Magdalena v., Private
„ Herr Artel Anton, k. k. Gymnasialprofessor
„ „ Berger Johann, Privat in St. Johann bei Villach
„ „ Blatnik Johann, Bäckermeister
„ „ Brandt Carl, Fabriksbesitzer
„ „ Canaval Rudolf, Kaufmann
„ C a s i n o - V e r e i n in Villach
„ Frau Cuzzi Katharina, Realitätenbesitzerin
„ Herr Dinzl Ignaz, Dr., Advokat
„ „ Dollhopf Heinrich v., Bürgermeister der Stadt Villach
„ „ Dreschnig Bartholomäus, Dr., k. k. Bezirksarzt
„ „ Egger Joseph B., Fabriksbesitzer
„ „ Ehn C., k. k. Telegraphenamtsleiter
„ „ Einspieler Gregor, Stadtpfarrcaplan
„ Frau Feldner Marie, Private
„ Herr Ferbas Anton, Cafetier
„ „ F e u e r l ö s c h e r Daniel, Gaswerksbesitzer
„ „ Filipsky Anton, k. k. Gymnasialprofessor
„ „ Findenegg Heinr ch, Magister der Pharmacie
„ „ Fischer Franz, Gasthofbesitzer
„ „ F ü r s t Carl, Kaufmann
„ „ Fürst Johann, Kaufmann
„ „ Fürst Mathias, Kaufmann
„ „ Genotte Carl, k. k. Oberstlieutenant
„ „ Ghon Carl, Fabriksbesitzer und Landtagsabgeordneter
„ Frau G h o n Marie, Realitätenbesitzerin in Perau

P. T. Herr Gold Johann, k. k. Postofficial
" " " Grawein Josef, Weissgerbermeister
" " " Grebitschitscher Peter, k. k. Bezirks-Ingenieur i. P.
" " " Gregori Gregor, Privatbeamter
" " " Handler Johann, Restaurateur
" Frau Hauser Therese, Private
" Herr Heitschel Alois v., k. k. Oberstlieutenant
" " " Huber Stefan, Kaufmann
" Frau Hyrenbach Julie, Grosshändlerswitwe
" Herr Jnterberger Franz, Platzagent
" " " Karner Franz, k. k. Postofficial
" " " K a s m a n h u b e r Carl, Fabriksbesitzer
" " " K a s m a n h u b e r Franz, Fabriksbesitzer
" " " Kempter Alois v., k. k. Postbeamter
" " " Kern Johann, Brauereibesitzer
" " " Koch Joseph, k. k. Gymnasialprofessor
" " " Kumpf Ernst, Dr., Apotheker
" " " Landerl Johann, Kaufmann
" L a n d t a g h o h e r, von Kärnten
" Herr Larige Franz, Regenschirmfabrikant
" " " Lautner Ferdinand, Buchbindermeister
" " " Leitgeb Johann, k. k. Hauptsteuereinnehmer
" " " Lessiak Valentin, Pfarrer in Perau
" " " L i e g e l Cornelius, Buchhändler
" " " Lussnig Joseph, Kaufmann
" " " M a t h i s Max v., Dr., k. k. Notar, Hof- und Gerichtsadvokat
" " " Mayer Eduard, Dr, Advokat
" " " Meicher Bartholomäus, Pfarrer in Maria Gail
" " " M e r l i n Peter J., Kaufmann
" " " Mitteregger Leopold, Restaurateur
" " " M o r i t s c h Anton L. sen., Fabriksbesitzer und Reichsraths-
abgeordneter
" " " Moritsch Ferdinand, Kaufmann
" " " Mühlböck Franz, praktischer Arzt
" " " M u h r Joseph, Buchdruckereibesitzer
" " " Nagele Guido, Realitätenbesitzer
" " " Neste Friedrich, Dechant und Pfarrer in Villach, Landtags-
abgeordneter
" " " Novak Alois, Kaufmann
" " " Ornella Anton, Kaufmaun
" " " Oschgan Simon, k. k. Notar
" " " Pax Johann, Kaufmann
" Frau P e r a s s o Anna, Realitätenbesitzerin
" Herr Picco Andreas, Bauunternehmer
" " " Pichler J. Anton, Realitätenbesitzer
" " " Podboj Anton, k. k. Postbeamter
" " " Prosen Johann, Realitätenbesitzer
" Frau Rabl Marie, Private.

P. T. Herr Rainer Chrysanth, Kaufmann
" " Rapatz Georg, k. k. Steuer-Inspector
" " Rappold Jakob, k. k. Gymnasialdirektor
" " Rautter Josef, Buchbindermeister
" " Richter Heinrich, Lehrer
" " Rihl Friedrich, k. k. Gymnasialprofessor
" " R i z z i Johann, Kaufmann
" " Ronacher Johann, k. k. Postofficial
" " Rotky Carl, k. k. Finanzwache-Oberkommissär
" " Schmidt Gotthold, Med.-Dr.
" " Scholz Friedrich, Apotheker
" " Schulheim Hieronymus Edler v., k. k. Bezirks-Ingenieur
" Schüler (76) des Gymnasiums; Verzeichnis s. vorne.
" Herr Serstka Anton, Dr., Advokat
" " Settari Friedrich, Dr., Advokat
" S p a r k a s s e k ä r n t i s c h e in Klagenfurt
" S p a r k a s s e i n V i l l a c h
" Herr Staunig Johann, k. k. Gymnasialprofessor
" " Strauss Franz, k. k. Bezirksrichter
" Frau Tarmann Johanna, Hotelbesitzerin
" Herr Tief Wilhelm, k. k. Gymnasialprofessor
" " Tomz Blasius, Hutfabrikant
" " Turnovsky Otto, k. k. Bezirkssekretär
" " Unterhuber Sebastian, Fabriksbesitzer
" " Unterkreuter Adalbert, Oberlehrer in St. Martin bei Villach.
" " Unterkreuter Josef, k. k. Postofficial
" " Wanggo Andreas, Realitätenbesitzer
" " W e i n d o r f e r Johann, k. k. Bezirkshauptmann
" " Wirth Franz X., Fabriksbesitzer
" " Wittling Leopold, k. k. Hauptsteuereinnehmer
" " Zoppoth Johann, Bäckermeister.

VILLACH, den 30. Juni 1884.

Der Vereins-Ausschuss.

Wegen eines allfälligen Uebersehens wird im Voraus um Entschuldigung gebeten, da der Vereinsleitung manchmal die Daten mangelhaft bekannt gemacht werden

Inhaltsverzeichnis.